티베트불교를 만나다

설오

1958년 전북 진안에서 태어나, 1981년에 묘엄스님을 은사로 출가하여 1989년 자운율사에게서 비구니계를 받았다.

봉녕사강원과 율원에서 수학하고, 대만 十方禪林 남회근 거사님 문하에서 불학을 배웠으며, 중국문화대학 중문과를 졸업하고, 동 대학원에서 중문학 석사학위를 받았다.

북인도 따시종에서 7년간 티베트 밀교를 수행하고, 달라이라마의 통역을 맡는 수승한 인연을 맺었다.

저서에 『밀교란 무엇인가』(2002, 효림), 『티베트불교 체험기』(2002, 효림)가 있고 번역서에 『예세초겔』(2004, 김영사), 『예세초겔의 삶과 가르침』(2019, 지영사)이 있으며, 〈백장회해사상과 백장청규 연구〉(1991), 〈승가작지요집〉(2017) 등의 논문이 있다.

현재 경기도 안성시에 법등사와 티벳문화원을 세워 티베트불교를 알리고 있으며, 봉녕사 승가대학 정교수로 한문불전을 강의하고 있다.

티베트불교를 만나다

초판 인쇄 2020년 8월 20일
초판 발행 2020년 8월 25일

지은이 설 오
발행인 이연창
편 집 김 명
사 진 고경률

펴낸곳 도서출판 지영사
　　　　서울특별시 성북구 성북로 28길 40 낙원연립 라동 101호
　　　　전화 02-747-6333 팩스 02-747-6335
　　　　이메일 maitriclub@naver.com
　　　　등록 1992년 1월 28일 제1-1299호

값 20,000원
ISBN 978-89-7555-196-3 03320

티베트 불교를 만나다

설오 지음

지영사

    티베트불교를 처음 알게된 것은 대만에서 유학하고 있을
때였다. 그때 나는 정토신앙에 심취해 있었는데, 어느 날
한 신도 분이 티베트 린포체가 와서 임종시에 의식을 극락
정토로 바로 옮길 수 있는 포와수행을 전수한다며 가보자
고 적극적으로 권했다. 처음에는 별로 큰 관심이 없었지만,
거절하기도 그래서 건성으로 그러자고 대답만 하고 집으로
돌아왔다. 그러기를 세 번째 하던 날, 그 신도 분이 사람이
죽은 후 사십구일간의 중음상태에서 일어나게 되는 적정존
과 분노존 모습을 그린 사진을 보여줬다. 그러면서 그 티베
트 린포체가 중음상태에 대한 상세한 가르침과 함께 자신
뿐만 아니라 가족은 물론 타인의 영혼까지도 바로 극락정

토로 보낼 수 있는 구체적인 가르침을 전수한다고 했다.

중음에 대한 이야기와 관련된 사진은 나에게 큰 충격이었다. 왜냐하면 사후에 일어나는 현상들을 그림이나 사진으로 표현할 수 있다는 사실이 신기하기만 했다. 그리고 출가 후 수행하고 성불하는 것도 큰 과제였지만, 승려라면 무엇보다도 죽음의 세계에 대해서 보다 구체적으로 알고 있어야 한다고 생각했다. 그러나 그때까지 사후 세계는 안개속처럼 모호하기만 했다. 죽음을 구체적으로 준비하고 죽어가는 과정을 두려움과 공포의 순간이 아닌 가장 좋은 수행성취의 기회로 사용할 수 있다는 데에 깊이 매료되어 티베트불교에 발을 들여놓게 되었다.

흔히 티베트불교를 밀교라고 하는데, 티베트인들은 현교顯敎·밀교密敎를 모두 포함하는 금강승金剛乘이라고 부른다. 금강승은 인도에서 발전한 불교의 한 형태로 주로 후기 밀교를 가리킨다. 밀교란 언어 그대로 밀교수행이라서 비밀히 구전을 통해서 일 대 일로 직접 전수되는 것이지, 수행의 내용이나 만트라를 공개하거나 서면으로 소개할 수 있는 것은 아니다. 왜냐하면 법이 시절인연과 근기에 맞게 전수돼야지 근기에 맞지 않으면 법을 설하는 법사도 받는 제자도 다 업을 짓게 되기 때문에, 때와 근기에 따라 직접 전수되어야 중생들이 업을 짓지 않는다는 것이다.

　예를 들면 초등학생과 대학생을 함께 놓고 대학생에 맞는 수준의 가르침을 주게 되면 초등학생은 자신의 수준이 못 미친다는 생각은 안하고 가르치는 선생님이 이상하다며 쓸데없는 의심과 비방을 일으켜서 허물을 짓게 된다. 그러므로 그 초등학생을 보호하기 위해서 그에게는 비밀히 하고 대학생만 따로 놓고 직접 개인지도를 하게 되는 것이다. 다시 말해서 중생을 보호하기 위해 비밀리에 직접 전수하는 것이다.

　많은 사람들이 밀교라 하면 남녀의 쌍신수행이나 옴마니반메훔 같은 주술만을 하는 진언불교로 인식하고 있다. 물론 쌍신수행을 주로 하는 좌도左道밀교도 있고, 닝마파에서는 쌍신수행을 허락하는 종파도 있다. 그러나 그것은 극히 일부분에 불과하다.

　티베트사람들은 달라이라마를 관음의 화신으로, 포탈라궁을 관음의 성지로 굳게 믿고 있다. 그러므로 누구나 옴마니반메훔을 열심히 염송하며 아침저녁으로 사원을 돌거나 탑을 도는 것을 일과로 하고 있다. 그들은 매월 음력 보름날이 되면 마니데이(옴마니반메훔하는 날이라는 뜻)라 하여 직장도 학교도 모두 쉰다. 그리고는 절과 마을 공동 수행터에 모여 하루종일 옴마니반메훔을 염송하고 법문을 청해 들으며, 육식을 하지 않고 공동으로 식사를 한다. 인간의 몸과 우주는 본래 하나여서 보름이 되면 우주의 기운이 최고로 상승한다. 따라서 사람의 몸도 최고의 에너지를 낼 수 있다. 이 날 나쁜 일을 하면 악업도 그만큼 크게 작용하고, 선업을 지으면 평소에 일만 배 이상의 효력이 있다고 믿는다. 그래서 보름날은 일부러 보시도 많이 하고 거지들에게 먹을 것과 돈도 주면서 하루종일 수행만 하는 날로 정하고 있다.

또한 정월달은 '붐줄다와'라 하는데 새해의 첫 달에는 무슨 수행을 하던지 십만 배 이상의 효력이 있다고 한다. 그래서 정월 한달동안 집에 스님들을 모셔서 기도도 하고 열심히 만트라를 염송하면서 지낸다.

음력 사월은 석가세존께서 탄생하신 달이라 하여 '사캬다와', 즉 부처님의 달이라 정하고 이 달에는 한달 내내 육식을 금한다. 그리고 이 달에 공덕을 짓거나 수행하게 되면 백만배 이상의 효력이 있다 하여 스님들께 공양을 많이 청하고 한달내내 만트라를 염송하면서 열심히 수행하고 사원을 위한 보시와 일도 많이 한다.

거친 민족이었던 티베트의 유목민들이 오늘날 가장 순수한 불교왕국이 되기까지 많은 선지식들이 선교善巧 방편으로 백성들을 잘 이끌어왔음을 보고 필자는 많은 감동을 받았다.

티베트불교에서는 사람마다 자신과 전생부터 특히 인연이 깊은 불보살님이 있는데, 그분을 본존으로 삼아 믿고 의지하면 훨신 수행을 쉽고 빠르게 성취할 수 있다고 믿는다. 그래서 대부분의 사람들이 불보살님 중에 본존을 한분 정해서 그 본존의 심주心呪인 만트라를 일생동안 지송持誦한다. 그렇다고 해서 티베트불교가 본존만트라를 모시는 것이 전부는 아니다.

티베트불교는 대·소승의 어느 불교보다 다양하고 구체적인 방편으로 중생들을 때와 근기에 맞게 가르친다. 수행에 있어서 구체적이고 세밀한 안내서와 함께 안내자까지 붙여주는 불교가 티베트불교라고 누군가 말했다. 오늘날 미국이나 유럽쪽에서 많은 불자들이 티베트불교에 심취하고 있는 것도 이러한 특색 때문이 아닌가 싶다.

'티베트불교를 만나다'는 내가 티베트불교를 처음 접하고 그 신선하고 경이로운 개인적인 경험담을 바탕으로 기록한 것이다. 구체적인 가르침은 개인적인 법연에 따라서 티베트의 위대한 스승님들에게서 직접 전수받아야 그 전승과 구루의 가피를 바탕으로 나름대로의 성취가 있을 것이다. 이 책이 티베트불교에 관심 있는 분들에게 조금이나마 이해를 돕고 궁금증을 풀어줄 수 있기를 바란다.

2020년 7월

정각산 법등사에서 설오

●차례

티베트불교의

특   징

티베트불교와의 인연

소라고동을 만지면서 누가 여기에 소라고동을 감추어
두었다고 혼잣말로 중얼거렸다···소라고동을 발견하는 사람은
말법시대에 밀법을 전하는 임무가 있는 사람입니다.

법등사 대웅전 벽화에는 세존열반유훈도라는 탱화가 그려져 있다. 이것은 내가 처음 부처님과 구루의 땅 인도에 가기로 결정하고 얼마 지나지 않아 생생하게 꿈에서 본 정경이다.

장소는 부처님께서 열반하신 쿠시나가라라고 했다. 꿈에 부처님 열반성지인 쿠시나가라 광장이 오색찬란한 빛으로 가득차 있었다. 부처님의 열반상이 누워있는 앞에 하얀 대리석으로 조각된 코끼리상이 있었다. 그리고 코끼리 배 안쪽에 흰색 소라고동이 빛을 발하고 있었다.

나는 신기한 물건을 발견했다며 소라고동을 만지면서 누가 여기에 소라고동을 감추어 두었다고 혼잣말로 중얼거렸다. 그러자 여행가이드처럼 보이는 한 젊은 남자가 나타나서는 '부처님께서 열반하시기 전 유훈으로 코끼리상을 세우라 하시고 배속에 소라고동을 숨기라 했는데 이 소라고동을 발견하는 사람은 말법시대에 밀법을 전하는 임무가 있는 사람입니다라고 말해주었다. 그리고나서 부처님 열반상 뒤편에 차려진 법당으로 갔다. 그곳에는 도반스님 두 명이 티베트불교식으로 전신오체투지를 하고 있었고, 사미니 학인스님들이 줄지어 들어오면서 법당을 장엄하고 있는 칼라차크라 마크의 의미를 내게 물어왔다. 티베트불교에 대한 상식이 별로 없었던 나임에도 불구하고 너무 자신있게 신심나서 설명하였다. 꿈을 깨고나니 신기하게 느껴졌고 오색찬란하고 생생한 꿈속 정경이 아주 선명하게 기억났다.

인도에 가서 티베트불교에 깊이 매료되어 둑빠까규파의 무문관 수행자를 지도하는 구루를 모시고 수행할 수 있는 인연이 되었다.

티베트불교에는 보장寶藏이라 하여 금강저나 경전, 혹은 상징적인 보물들을 감추어 둔 것을 찾아내는 전통이 있다. 예언에 의해 그 보장을 찾는 사람을 뗄뙨(보장을 찾아내는 사람이라는 뜻)이라고 부른다는 것을 그 후에 알게 되었다. 생각해 보니 나 자신이 뗄뙨인지는 알 수 없지만 이미 티베트불교와의 깊은 인연이 예견되었고, 그 인연으로 한국불교에 출가하지 않았나 하는 생각이 든다.

티베트불교 특색

우리의 몸은 본존의 몸이 되고 음성과 소리는 만트라가 되고
마음에서 일어나는 모든 생각·관념·인식·느낌·감정 등은
다 멀리서 빛나는 신기루와 같다.

달라이라마 존자님께서 대중에게 법문하실 때에 항상 강조하듯이, 티베트불교는 인도에서 불교가 가장 흥성했던 나란다 대학의 전통을 이은 불교이다. 그 당시 인도에서는 금강승이라는 밀교의 수행전통이 보편적으로 전수되었다. 그 전통과 교리가 시절인연을 만나고 히말라야 설산을 넘어서 그대로 설국의 땅 티베트에 전해졌다. 설산으로 둘러쌓인 티베트에서 그 법맥이 오염되지 않고 잘 전승되어 오늘날 전 세계 불자들에게 전수되고 있다. 티베트불교 특유의 제도인 환생자 린포체들을 중심으로 서방세계에서도 갈수록 그 교세가 크게 확장되고 있다.

금강승 수행이 수승한 점은 위대한 수행의 진수를 성취하신 스승님, 즉 구루와 제자간의 직접 귀와 입을 통한 구전口傳과 이전耳傳에 있다. 그리고 자신이 곧 부처라는 신심으로 부처로서의 자만심, 즉 불만佛慢을 가지라고 가르친다. 수행자에게 성취의 가피를 내리는 본존불을 관상하고 자신과 본존불이 다르지 않은 한 몸으로 생각하고 또한 확실히 한 몸임을 인지해야 한다고 강조한다. 자신을 본존불로 관상함으로서 공성의 깨달음을 얻을 수 있다.

본존의 몸은 공성空性과 외적인 모습(外相)의 결합이다. 그 몸은 허공에 뜬 무지개와 같이 형상은 있으나 존재하지 않는다. 마치 물속에 비친 달처럼 걸림이 없고 거울에 비친 영상처럼 실체가 아님을 알아야 한다. 이러한 인식을 통해서 우리는 색신色身의 본질이 공함을 깨달을 수 있다.

티베트불교 수행에서 만트라 염송은 빠질 수 없는 주요 과제이다. 모든 언어와 소리를 다 만트라 소리라고 인지한다. 모든 소리가 만트라 소리로 들릴 때에 우리는 그 소리가 마치 메아리처럼 공해서 실체가 없음을 알 수 있다.

우리가 수행을 할 때에 신구의 삼문의 변화는 필수적인 과정이다. 티베트불교에서는 우리의 몸은 본존의 몸이 되고, 음성과 소리는 만트라가 되고 마음에서 일어나는 모든 생각, 관념, 인식, 느낌, 감정 등은 다 멀리서 빛나는 신기루와 같다는 것을 인식하게 가르친다.

사슴은 신기루를 보고 그곳에 물이 정말 있는 줄 알고 달려가 마시려고 한다. 하지만 우리의 모든 마음에서 일어나는 생각과 인식이 신기루와 같은 공함은 수행을 통해서 알 수 있다. 그리하여 색신의 공함과 소리의 공함, 의식의 공함을 깨닫고 완전히 모든 집착에서 해탈할 수 있다. 이것이 금강승 밀교의 기초이다. 만약 우리가 밀라래빠나 기타 많은 수행자같이 이 수행법을 잘 쓸 수 있다면 이 생에 바로 성취할 수 있다. 설사 우리가 이 생에 깨닫지 못하더라도 본존의 가피와 만트라의 힘으로 사후에 중음의 상태에서 해탈을 얻게 해준다. 그래서 이생에 이 몸으로 성불할 수 있다 하여 즉신성불을 이야기하는 것이다.

대만에서 유학하던 시절, 나는 어느 날 업장소멸의 필요성을 간절히 느끼는 계기가 있었다. 그래서 업장소멸발원을 하고 100일간 지장기도를 시작하였다. 지장경 독송과 지장보살 염불과 참회기도를 했다. 비록 혼자 하는 기도이지만 나름대로 정성껏 천도제도 7일마다 올렸다.

그렇게 기도하니 한 달이 되던 날 꿈속에서, 지장보살좌상이 모셔져 있는 어느 큰 사원에 갔다. 일주문에 들어서려는데 마구니들이 길을 막고 못들어가게 방해하였다. 내가 허공에 날아올라 장삼자락을 휘두르니 마구니들은 힘을 잃고 다소곳한 모습으로 바뀌어 일주문 안으로 두 줄로 서서 내가 들어가도록 해주었다. 사원 마당 수각에서 맑은 물이 넘쳐 흐르는데, 누군가 그 물에 손을 씻으라고 하였다. 넘쳐 흐르는 물에 손을 씻으니 왼손에서는 회색빛의 더러운

물이, 오른손에서는 아주 새까만 물이 나와 씻겨나갔다. 그 이후로 왠지 몸이 가벼워졌고 허공을 날아다니는 꿈도 자주 꾸었다.

100일째 되던 날 많은 사람들이 줄 서서 땅 속으로 들어가는 꿈을 꾸었다. 지장地藏보살은 땅 속에 몸을 감추신 분이라는 뜻이다. 지장보살이 전생에 거지에게 옷을 다 보시하고 몸을 땅 속에 숨긴 인연이 있어서인지 지장기도를 하니 땅 속으로 사람들이 들어가는 꿈을 꾸었다.

땅 속에는 노천온천으로 보이는 웅덩이가 있고 사람들은 옷을 벗고 물에 들어가 담그면서 병을 치료하는 것이라 했다. 나는 물에 들어가지 않고 뒤를 돌아보았다. 넓고 평평한 바위 위에 검은 옷을 입은 처사가 앉아 있었다. 그 처사는 8년간 지장기도만 하는 것으로 대만에서는 꽤 알려진 사람이었다.

내가 그 처사 앞에 앉자 내 입주변을 유심히 살피더니, 아랫입술 밑에 원귀가 붙어있다면서 두 손을 가져다 댔다. 그러자 마치 고름 같은 것이 두 줄기로 빠져나가니, 무언가 시원한 느낌이 선명했다.

"자 이제 됐다. 앞으로는 삿된 망상만 조심하면 되겠다"고 하였다. 꿈에서 깨어 생각하니 신구의 삼문의 업장 가운데 신업과 구업이 소멸되는 가피를 지장보살님께 받았다는 확신이 들었다. 그런데 제멋대로 일어났다 사라지는 삿된 생각들을 어떻게 소멸해야 될지 막연했다.

그 후 티베트의 린포체들과 법연을 맺고 자신의 몸은 본존불의 몸으로 관상하고 모든 음성과 소리는 만트라로 관하고, 마음에서 일어나는 생각과 망상들은 공하여 신기루와 같은 환상임을 관했다. 어렵지 않게 신구의 삼문의 업장이 소멸되어 부처님의 신구의 삼문과 같은 공덕을 갖추어 감을 느꼈다.

법등사와 티베트문화원

밀교수행자들에게 대표적인 다끼니 성모로 추앙받는 예세초겔과
배꼽불수행의 본존인 바즈라요기니와 쬐수행의 성취자 마찍랍돈
다끼니를 벽화에 그려 모셨다.

한국에 돌아와 봉녕사에서 소임을 맡아 학인들을 지도하고 있었다. 그때 티베트불교에 관심을 가지고 공부하던 몇몇 불자들이 나를 찾아와서, 티베트불교에 입문할 수 있도록 지도해주기를 청했다. 따시종에서 나를 지도해주신 구루 암틴께서 기초사가행은 지도해도 된다고 허락하였다. 그 후 구루인 까루 린포체께서도 샹빠전승의 기초사가행은 전수해도 된다고 인증하였다. 그 인연으로 서울에 도반스님 절에서 티베트불교 입문 강의를 불자들에게 하고 있었다.

그러던 어느 날 매우 의미심장한 꿈을 꾸었다. 꿈속에서 속가 친여동생인 우현 스님이 운전하는 짚차를 타고 구불구불 커브가 많은 시골길에 들어섰다. 길 양쪽 논뚝 언덕에 누군가 놓은 불길이 번지는데, 아기 코끼리 네 마리가 길에서 장난하며 놀고 있었다. 코끼리들을 조심스레 피해서 언덕길을 올라가는데 마을 사람들이 길을 막아섰다. 그때 중년부인이 나타나서 내가 이럴 줄 알고 스님들을 위해서 마을 사람들에게 공양을 많이 했는데 왜 길을 막느냐며 호통을 쳤다. 마을 사람들이 양쪽을 길을 터주어 언덕을 올라

세존열반유훈도(법등사)

갔다. 전에 구루 암틴께서는 꿈에 말을 타고 나타났다. 또
한 수행자를 옹호하고 인도하는 호법신인 다까·다끼니들이
꿈속에서는 가족이나 훌륭한 여인의 모습으로 나타난다고
자주 언급하였다. 그래서 꿈속에서 짚차를 타고 갔고, 불교
와 깊은 연관이 있는 네 마리 코끼리와 동생인 우현 스님과

공양올렸다는 여인을 본 것도 의미심장하다는 생각이 들었
다. 더군다나 불이 번지는 불꿈은 모든 일이 일사천리로 이
루어질 상서로운 꿈이었다.

　그 후 꿈속에서 본듯한 염티마을에 450년 된 보호수인
느티나무 앞에 혜등정사라는 이름으로 법등사의 토대가 된

법등사 성모각 벽화, 예세초겔, 마직랍돈, 바즈라요기니 다끼니 본존도(위쪽). 장수천녀
(중간). 법등사 성모각(아래)

작은 도량을 마련하였다.

나중에 마을 사람들로부터, 그 느티나무에는 목신할머니가 살아서 전에는 마을에서 목신제를 일 년에 한번씩 지냈다는 이야기를 들었다. 그 해부터 정월보름날 마을 사람들과 함께 떡과 음식을 차려 목신제를 지냈다.

어느 날 목신할머니로 보이는 노파와 젊은 여인이 꿈에 나타나 내게 땅을 주고 싶다고 하였다. 또한 달라이라마의 모친이라는 분과 이름은 기억나지 않지만 훌륭한 린포체의 부인이 가마를 타고 나타났다.

또 까르마빠존자님께서 꿈에 나타나 많은 사람들 속에서 나를 발견하고 환히 웃으면서 법등사 절터로 올라오라고 손짓하는 꿈과, 존자님 누님과 한 침대에 눕는 꿈을 꾸었다. 그런 후 법등사 도량이 될 땅을 얻게 되었고, 청정하고 영험 있는 수행도량을 지을 수 있는 수승한 인연들이 저절로 모여들어서 불사가 일사천리로 되었다.

법등사의 불사가 제불보살님과 구루의 가피와 호법신장이신 다까·다끼니의 가호로 4년만에 대웅전과 요사채, 티베트문화원까지 여법한 수행도량의 면모를 갖추게 되었다. 이 모든 인연을 있게 한 다끼니 성모들과 염티마을 목신할머니의 영험도 기리기 위해 성전을 지어 성모각이라 이름하

였다.

　한국불교에서는 산에 있는 절들은 산신각을 지어서 산신
탱화를 모시는 게 관례이다. 하지만 법등사는 산신님과 함
께 느티나무 아래 목신할머니와 그 시녀 모습과 공양천녀
들을 벽화에 그려 모셨고, 수행자들에게 건강과 장수가피
를 주는 장수천녀를 그려 모셨다. 또한 티베트불교의 모태
이며 밀교수행자들에게 대표적인 다끼니 성모로 추앙받는

법등사 전경

예세초겔과 배꼽불수행의 본존인 바즈라요기니, 쬐수행의
성취자인 마찍랍뙨 다끼니를 벽화에 그려 모셨다. 그리고는
다끼니의 성전이라는 뜻으로 현판을 성모각이라 하였다.

마하깔라와 깔루 린포체

검은 몸에 여섯 개의 팔을 가진 육비 마하깔라는 천수천안
관세음보살의 분노존으로 천수천안 관세음보살은 십일면
관음으로 열한 개의 얼굴로 맨 윗부분은 아미타불이다.

마하깔라는 티베트불교에서 신봉하는 대표적인 분노본존으로 까규파의 대표적인 수호본존이다. 검은 몸에 여섯 개의 팔을 가진 육비六臂 마하깔라는 천수천안 관세음보살의 분노존이다. 천수천안 관세음보살은 11면 관음으로 열한 개의 얼굴로 맨 윗부분은 아미타불이고, 그 아래 무서운 모습의 검은 남색을 띤 얼굴이 대흑천大黑天 마하깔라이다.

마하깔라는 흰색 얼굴을 한 백색 마하깔라도 있다. 팔이 네 개인 사비四臂관세음보살의 분노존으로 재물을 들어오게 축복해주는 재신財神의 가피를 내린다고 한다.

대만에서 마하깔라 관정이 있던 날, 일곱 살밖에 안된 깔루 린포체는 너무도 의연하고 자신 있는 모습으로 관정의식을 주관하였다. 관정을 받는 동안 나의 몸은 마치 마하깔라 본존불을 둘러싸고 있는 겁화의 불길을 그대로 느끼는 듯 온몸이 뜨겁게 달아오름을 느꼈다.

그날 밤 잠든 나는 자신의 의지와는 상관없이 마치 몽유병에 걸린 것처럼 자리에서 일어나서 불단 앞으로 갔다. 누구의 명령을 듣는 듯 손바닥을 내밀어 감로를 받아마신 순간 눈을 떴고, 눈앞에는 검은 얼굴의 관음 분노존인 마하깔라 본존불이 있었다. 분노존은 흐뭇한 미소로 나를 내려다보며 감로를 내린 것이다. 그 모습은 전혀 낯설거나 두렵게 느껴지지 않았다. 왜냐하면 평소 법당에 모신, 전생 깔루 린포체의 지도로 그려졌다는 마하깔라 탱화에서 본 그 모습이었기 때문이다.

전생 깔루 린포체는 본래 마하깔라 본존수행의 성취자로, 다질링에 있는 쏘나타 사원에서는 마하깔라의 기도를 해마다 이십여 일 간 밤낮없이 한다. 그 기간동안 전생 깔루 린포체는 마하깔라 본존불의 모습을 보이기도 했고, 달라이라마께서도 직접 친견했다고 전해진다.

16대 까르마빠는 깔루 린포체에게 무문관 수행자를 지도하고 샹빠까규파의 모든 법을 전수하도록 당부하였다. 한때 시뚜 린포체를 도와서 무문관 확장불사를 할 때에 불가능한 어려운 불사를 마하깔라의 권속인 네 명의 수호신장이 깔루 린포체의 꿈에 나타나서 도와주러 왔다고 선몽하더니, 실제로 네 개의 거인들 발자국을 내며 도와 무사히 완공했다고 전해진다. 그래서인지 환생자인 어린 깔루 린포체도 유난히 마하깔라의 관정의식을 힘있게 진행하였다. 그리고 그곳에서 나는 마하깔라 본존불을 친견하는, 정말로 불가사의한 가피를 입었다.

환생자 깔루 린포체는 무문관수행과 공부과정을 마치고 스무 살이 되던 해에 대만으로 전법을 하러 왔다. 나는 어엿한 성인이 되어 다시 전법 하는 깔루 린포체께 법을 받기 위해 모든 일을 제쳐두고 대만으로 갔다. 마하깔라 공양기도 의식을 전수하는 모습은 스무 살의 호기심 많은 청년이 아니라 노스님 같은 자비와 자상함이 넘쳐났다.

깔루 린포체는 전생에 "원만한 상호와 아름다운 음성, 수명과 복력 그리고 모든 능력을 다 원만히 갖추게 하시고, 제 눈 앞에서 모두 행복한 모습만 보게 하시고 자비심과 연민심을 얻을 수 있게 하소서!"라고 원력을 세웠다고 한다. 그래서인지 환생한 깔루 린포체의 상호는 남녀노소에 상관없이 보는 사람 자신도 알 수 없는 환희심과 연민심이 마음 속에서 우러나게 한다. 그런 스승님에게 수행법을 전수받는 나는 마냥 행복했다.

처소로 돌아와 린포체를 생각하니 전생에 일체 중생을 이롭게 하신 공덕으로 저렇게 원만한 상호를 타고 나셨구나 하는 마음이 들면서 신심이 났다. 그런데 한 가지 좀 어색한 것은 다른 부분에 비해 유독 입이 크게 느껴졌다. 균

형이 잘 이루어졌는데 왜 유난히 입이 크신 걸까 하는 망상을 했다. 그 순간 환희 웃는 린포체의 모습이 눈앞에 나타나더니, 순식간에 큰 입을 벌린 마하깔라로 변하는 모습이 눈앞에 펼쳐졌다. 그 순간, '아! 그래서 입이 크시구나!'라고 단박에 이해가 되었다. 그 후 나는 깔루 린포체가 마하깔라의 화현이라고 믿는 사람들과 공감대를 나누게 되었다.

다섯 살의 어린 환생자 린포체가 여법하게 법회를 주관하고, 마하깔라의 가피를 느끼게 해주신다고 생각이 들자, 신심과 헌신의 마음이 더 우러났다. 모든 일에 우선하여 어린 깔루 린포체의 법회에 빠짐없이 참석했다.

타이페이 시내의 학교 강당에서 진행된 문수보살 관정의식에는 오백여 명의 대만 신도들이 참석했다. 높은 법상에 모셔진 어린 린포체를 보고 일부 신도들은 '한참 뛰어놀 나이에 저렇게 억지로 어른노릇을 시킨다'며 '가엾다'고 쑥덕였다.

그런 신도들의 마음을 아는지 모르는지 린포체의 표정은 자못 진지하였다. 가끔 제자들의 의식이 여법하지 못하다고 여겨지면 그 자리에서 지적하고 꾸중하였다. 나는 그 장엄하고 지혜로운 린포체의 모습에 매료되어 잠시도 눈을 뗄 수 없었다. 그날도 그렇게 환희로움과 신심으로 문수보살의 관정을 받아서일까? 나는 또 예사롭지 않은 꿈을 꾸었다.

꿈속에 린포체께서 내 눈앞의 법상에서 금강저와 작은 북등 여러 가지 법구를 차려놓고 가피를 하셨다. 그리고 내게 꽃 한 송이를 주면서 만다라에 들어가 그것을 본존불께 올리라 하였다. 나는 두 손으로 꽃을 받쳐 들고 만다라를 향해 나아갔다. 길가에 육체미를 자랑하는 듯한, 건장한 체구의 남자들 수십 명이 옷을 다 벗은 채 줄지어 서 있었다. 그 중 대표인 듯한 사람이 내게 다가와 말했다.

"오늘 하루, 스님을 즐겁게 해드리고자 저희들이 준비하고 있습니다."

영문을 모르는 나는 잠시 망설이다 앞으로 나아갔다. '이성에 관심 없는 나를 위해 하루를 즐겁게 해주겠다고, 저 사람들이 옷을 다 벗고 줄을 서 있단 말인가?' 생각하다가 '저 사람들이 나를 위해 하루를 할애하겠다고 했는데 그냥 지나쳐서야 되겠는가?' 하는 마음이 들었다. 나는 다시 되돌아가서 그들을 보고 말하였다.

"오늘 나를 위해 하루를 할애한다고 말했는데 그러지 말고 반나절만 시간내어 따라와 준다면 내가 당신들에게 법을 전해 주겠습니다."

나는 그들을 데리고 만다라로 들어갔다.

이런 꿈을 꾼 후 지위나 재력이 있는 여러 거사님들과 인
연이 되었고, 그분들은 내가 하는 불사에 큰 힘이 되었다.

관정

관정은 누구나 줄 수 있는 것이 아니다. 관정을 받으면 린포체와 관정을 받은 사람 사이에는 스승과 제자의 관계가 성립된다.

'관정'이란 본존불의 가피를 통해 일체 중생들에게 본래 구족되어 있는 불성의 종자를 드러나게 하는 의식이다. 티베트불교를 수행하기 전에 제일 먼저 받아야 하는 입문식과 같은 것이다. 다시 말하면 스승과 제자 사이에 법을 주고 받는 비자와 같다고 할 수 있다.

티베트어로 관정식은 '왕(Wang)'이다. '힘을 부여한다'는 뜻으로, 이는 곧 수행할 수 있는 권리를 부여한다는 말이다. 티베트 사람들은 꼭 수행을 위해서가 아니더라도 관정의식이 있는 곳이면 어디든지 열심히 참석한다. 왜냐하면 관정을 많이 받으면 그 가피력에 의해 악업이 소멸되고 선근이 증장하며, 내생에 복덕을 두루 갖춘 중생으로 태어날 수 있다고 믿기 때문이다.

관정은 누구나 줄 수 있는 것이 아니다. 자격을 갖춘 린포체, 곧 환생한 큰스님만이 줄 수 있다. 일단 린포체에게 관정을 받으면 린포체와 관정을 받은 사람 사이에는 스승과 제자의 관계가 성립된다. 그리고 산스크리트 어로 '삼마야'라고 불리는 비밀한 계율이 지켜져야 한다. 이때 가장 중

슬리핑 라마의 장수관정의식

요한 계율은 관정을 내리는 큰스님을 관정의식의 주존主尊
인 부처님으로 관상하는 것이다.

　관정의식의 4단계
　①**보병寶瓶관정** 보병에 물을 담아 손으로 받아 마시고 머
리와 몸에 바르게 함으로써 가피를 내려 묶은 업장을 정화

하고, 자신을 부처의 몸으로 관상할 수 있게 하는 것이다.

이때 관정을 받는 사람은 린포체를 부처님으로 관상하고, 그분의 이마에서 흰빛이 나와 자신의 이마로 들어온다고 관상한다. '무시 이래로 쌓였던 자신의 묵은 악업이 정화되고, 분별망상을 일으키는 무명의 장애에서 벗어나 부처님의 몸과 '나'의 몸이 똑같이 되어, 나도 부처님과 같이 변화신을 나툴 수 있는 화신化身을 성취했다'고 관상하도록 가르친다. 이렇게 하여 생기차제 수행인 관상을 할 수 있는 자격을 부여받는다.

②**어語관정** 부처님의 진언이 만트라를 할 수 있게 하는 '어語관정'은 염주로 관정을 준다. 이때 관정을 받는 사람은 린포체를 부처님으로 관상하고 그분의 목에서 빨간빛이 나와 '나'의 목으로 들어온다고 관상한다. 이렇게 만트라를 할 수 있는 자격을 부여받고, 수면상태에서 일어나는 꿈의 장애에서 벗어나 부처님의 공덕의 몸인 보신報身을 성취할 수 있게 되는 것이다.

③**의意관정** 금강저로서 상징물을 삼아 가슴에 대준다. 이때 관정 받는 사람은 린포체를 부처님으로 관상하고 그분의 가슴에서 남색 빛이 나와 자신의 가슴으로 들어온다고 관상한다.

이때 '나'는 깊은 잠속에서 어둠에 빠지는 장애가 정화되고, 나의 마음과 부처님 마음이 하나 되어 우주 법계에 두루 편만하신 부처님의 법신法身을 내가 성취하였다'고 관상한다. 이렇게 원만차제 수행인 대수인大手印, 대원만의 수행을 할 수 있는 자격이 부여된다.

④문자文字관정　거울로 상징물을 삼아 배꼽 부분에 대준다. 이때에 관정을 받는 사람은 린포체를 부처님으로 관상하고, 그분의 배꼽에서 초록색 빛이 나와 자신의 배꼽으로 들어온다고 관상한다.

이때 '나'는 남녀의 애욕에 빠지는 장애가 정화되고, 부처님의 본질과 내가 온전히 하나 되어, 우주의 본질과 그 자체인 부처님의 법계체성신法界體性身을 성취하였다'고 관상한다. 이렇게 기맥성취 수행인 요가 수행을 할 수 있는 자격이 부여된다. 이밖에도 수명 연장을 위해 무량수불의 가피를 청하는 장수관정도 많이 한다.

티베트불교에서 모든 본존 수행(석가모니불·아미타불·관세음보살·문수보살·지장보살·칼라차크라 등 여러 불보살님 가운데 한 분을 주존으로 삼아 하는 수행)을 하기 전에는 일종의 허락 의식인 관정을 반드시 거쳐야 한다.

칼라차크라 관정

한국에는 잘 알려지지 않은 칼라차크라는 '시간'을 뜻하는 '칼라'와 '바퀴'를 뜻하는 '차크라'의 합성이다. 산스크리트 어로 '영원한 시간'은 불변의 지복을 가리키고, 바퀴는 여러 색色(물질)의 비어 있음을 가리킨다.

이 관정을 받게 되면 시간과 공간과 운세의 장애를 초월할 수 있는 힘이 생긴다고 한다. 중국에서는 이것을 시륜금강時輪金剛 관정이라 하는데, 달라이라마께서 모든 중생들의 업장을 정화하고 가피를 내리고자 하는 원력으로 전세계에 내린다는 아주 수승한 관정이다.

칼라차크라 관정은 크게 예비관정과 본관정으로 나눌 수 있다. 예비관정 단계에서, 스승님께서는 장소를 청정하게 한다는 의미로, 보리로 만든 '돌마'에 관정법회에 장애를 일으킬 수 있는 모든 마구니들을 다 잡아넣는 것을 관상하며 만트라를 염송한다. 그 뒤에 그 돌마를 관정의식이 거행되는 곳의 외곽으로 내보낸다.

이때 제자들은 마음속으로 '나에게 있는 모든 장애들도 돌마와 함께 밖으로 다 보내졌다'고 관상한다.

다음으로 제자들은 자신의 손바닥에 부어준 물로 입을 헹구고 뱉어냄으로써 몸과 마음을 정화한다고 관상한다. 그리고 칼라차크라의 가르침에 의지하여 위없는 깨달음을 성취할 것이라는 보리심을 발하면서 스승에게 관정을 청한다.

이때 스승은 제자에게 계를 주고, 여러 가지 유형의 가피를 내린다. 그 하나가 길상초를 나누어 주는 것이다. 스승은 진언을 염송하며 제자에게 길고 짧은 두 개의 길상초를 나누어준다.

길상초는 본연의 순수한 자성자리를 상징하고, 선명한 꿈을 대표하기도 한다. 제자들은 합장하고 길상초를 받은 뒤, 긴 것은 침대 밑에 두고 짧은 것은 베개 밑에 둔다. 그리고 잠을 자면서 꾸게 되는 꿈의 경계를 관찰한다. 밤은 흔히 네 부분으로 나누는데, 제자들은 잠에서 깨어나기 전의 마지막 부분에 꾼 꿈의 경계를 세심히 관찰한다.

이제 내가 직접 체험한, 꿈에 나타난 관정 가피에 얽힌 이야기 하나를 소개한다.

❀

칼라차크라 관정은 달라이라마께서 전수하는 겔룩파 전승과 까규파에서 전수하는 조낭파 전승이 있다. 제1대 깔루 린포체가 주로 조낭파 전승의 칼라차크라 관정을 많이 전수하셨다고 한다.

내가 대만에서 유학하고 있을 때에 깔마까규파에서 가장 위대한 교수사인 탕굴 린포체(17대 환생자로 유명한 까르마빠의 스승)께서 대만을 방문했다. 우연히 한 신도에게 칼라차크라 관정을 내린다는 소식을 들었다. 그때만 해도 나는 티베트불교에 대해 별로 아는 것이 없었다. 단지 이 관정이 일주일 동안 진행되는 아주 큰 관정이라는 말에 호기심으로 참석했다.

첫째날 탕굴 린포체는 칼라차크라에 대해 설명하고, 그 수승한 공덕에 대해 말하였다. 장엄한 법회장소와 화려한 모래 만다라, 대만 불자들의 신심의 열기가 아주 인상깊었다.

그날 밤 나는 아주 수승한 관정을 받게 된 환희심과 설레임으로 좀처럼 잠이 오지 않아, 한참을 물끄러미 천장을 응시하고 있었다. 얼마나 지났을까? 갑자기 생시처럼 생생하게 달라이라마께서 나타나더니, 내 머리 정수리에서 초록색깔의 뱀을 쭉 뽑아내고는 보병에 있는 우유빛 감로를 머리에 부어 주고 홀연히 사라지는 환영이 보였다. 잠깐 사이에 일어난 일이었는데 무척 신선하고 황홀한 그 기분 좋은 느낌을 놓치고 싶지 않을 정도였다.

더욱 신심이 난 나는 다음날부터 열심히 관정 의식에 참석했고, 마침내 관정식을 원만히 회향하였다. 일주일 간의 벅찬 관정 일정을 마친 나는 뿌듯한 마음으로 잠자리에 들었고, 다시 기이한 꿈을 꾸었다.

달라이라마께서 시자인 빤졸라마와 함께 꿈에 나타나서 시자스님이 내게 말씀을 하셨다.

"오늘은 스님이 존자님 시자를 맡아야 할 차례입니다."

그리고는 나는 시자 라마의 안내를 받아 달라이라마의 침실까지 들어갔다. 달라이라마는 나에게 당신의 겉옷부터 하나씩 벗어주었고 내의까지 다 벗어주었다. 그런데 신기하게도 그 옷에서 아주 청정한 기운이 생생하게 느껴졌다. 나는 옷을 하나씩 받아서 잘 개어 한쪽에 두었다. 그리고 나자 달라이라마는 공양을 짓는 시자 라마에게 검은 빛깔의 고기 한 접시를 내게 주라고 말했다. 시자 라마는 수육처럼 썰린 검은색 고기가 담긴 흰 접시를 내게 건네주었다.

당시 나는 검은색 고기를 한 접시 받은 꿈의 의미를 전혀 알지 못했다. 또 만나본 적도 없는 달라이라마를 꿈에서 생생하게 만나고, 옷을 다 벗어주고 먹는 음식까지 받은 것이 비록 꿈이지만 아주 상서로운 느낌이 들었다. 후에 북인도 따시종 사원에서 수행하게 되었을 때 비로소 그 의미를 알았다.

티베트불교 수행에는 네 가지 수행성취 단계가 있다. 그 것은 식증회주息增懷誅라는 네 가지 성취법이고 불보살님들 의 네 가지 종류의 불사라고 말하기도 한다.

번뇌와 고통을 소멸하는 것을 식息이라 한다. 흰색으로 상 징하고, 공덕자량을 쌓게 하는 것을 증增이며 노란색으로 상징한다. 회懷는 위신력, 힘을 갖게 하는 것으로 붉은색으 로 상징하고, 주誅는 마구니를 항복받고 장애를 없애주는 것으로 검은색으로 상징한다.

그 후 나는 잠곤공툴 린포체의 제자인 한 대만 비구니 스님을 따라 인도를 여행하였다. 네팔 카트만두에 있는 2만 년 전에 세워진 보드낫수투바 성지와 잠곤 린포체 사리탑 을 참배하고, 보드가야에서 열리는 안양 린포체께서 주최 한 포와수행에 참석하였다. 그리고 그곳에서 인연이 된 한 티베트 가족을 따라서 데라돈에 가서 달라이라마를 친견 할 수 있었다. 계속해서 달라이라마가 주석하는 다람살라 에 갔다. 그곳에서 버스로 2시간 정도 떨어진 따시종에서, 암틴 스승님을 만나 분노존 수행에 입문하였다. 칼라차크라 관정 가피로 검은 고기를 받은 인연으로 마구니를 항복받고 장애를 없애는 능력을 성취할 수 있는 분노존수행을 하게 된 것이 아닌 가 싶다. 그리고 2년이 지난 후 달라이라마 존자님 말씀을 한국어로 통역하는 기회를 갖게 되었다.

문수보살 관정

내가 대만에 유학하던 시절 처음으로 만난 환생자인 어린 깔루 린포체에게서 문수보살 관정을 받았다. 그때 린포체는 다섯 살이었다. 4,5백여 명 되는 많은 대만 불자들이 문수보살 관정을 받고자 모였고, 어린 린포체는 높은 법상에 앉아있었다.

뒤에 앉은 몇몇 보살들이 어린아이를 저렇게 높은 곳에 몇 시간씩 앉혀놓는다며 불쌍하다고 수군거리는 소리가 들렸다. 그러나 다섯 살짜리 린포체는 전혀 어려 보이지 않았다. 수백 명 어른들이 모여있는 그 법석의 주인공은 다섯 살짜리 어린 환생자였다. 그분은 모든 분위기를 주도하고 있었다. 어쨌든 문수보살의 관정은 여법하게 진행되었고 나는 그 자리에서 범상치 않은 다른 기운을 느낄 수 있었다.

그날 밤 꿈속에 온 린포체는 노스님의 모습이었다. 책상 위에 밀교의식에 쓰이는 각종 법구가 나열되어 있었다. 내 앞에서 쌀을 들어 법구에 점안식을 하듯이 뿌렸는데, 그 쌀이 법구에 닿을 때마다 빛이 번쩍번쩍 났다. 그리고 내게 꽃 한 송이를 건네주면서 만다라로 들어가라고 하였다.

후에 알게 되었지만 밀교에서는 큰 관정을 할 때면 꽃을 한 송이 들고 제자에게 만다라에 들어가 친견하게 하는 의식이 있다. 보통 때 흔히 하는 것이 아니라 여법하고 큰 관정 때에만 하는 아주 중요하고 거룩한 의식이다.

나는 꽃을 들고 만다라로 향했다.

이 꿈에서 깔루 린포체의 문수보살관정을 통해 내가 사람들에게 특히 남성불자들에게 법연을 이어주는 힘을 얻는 가피를 입었다는 생각이 들었다.

비단 칼라차크라 관정뿐만 아니라 모든 관정에서 불가사의한 가피를 체험하는 경우를 심심찮게 볼 수 있다. 관정의 가피는 관정을 받는 사람의 성불을 향한 원력과 신심이 그에게 본래 구족되어 있는 불보살님의 마음에 계합되어 나타나는 것이라고 설명할 수 있다.

환생

환생자는 오랜 생 동안 수행을 쌓은 성취자가 중생들을 구제하기 위한 보리심을 바탕으로 한 보살의 원력으로 자신이 선택한 삶의 형태로 다시 태어나는 것을 의미한다.

린포체

티베트불교를 접하다 보면 환생자로 여겨지는 많은 '린포체'들을 친견하게 된다. 불교의 윤회사상에서 보면 다시 태어나지 않는 중생이 하나도 없지만, 여기에서 말하는 환생자의 개념은 그것과 다르다.

티베트에서 말하는 환생자는 자신이 지은 업業에 의해 어쩔 수 없이 다시 태어나는 존재가 아니라, 이미 오랜 생 동안 수행을 쌓은 성취자가 중생들을 구제하기 위한 보리심을 바탕으로 한 보살의 원력으로 자신이 선택한 삶의 형태로 다시 태어나는 것을 의미한다.

티베트에서 처음으로 환생자로 다시 오신 분은 열일곱 번을 환생한 까규파의 까르마빠존자님이다. 중국사람들은 그를 '대보법왕大寶法王'이라 부른다. 중국공산당이 달라이라마 대신 그를 정치에 이용하려고 옹립해 연금했으나, 14세에 인도로 탈출했다. 지금은 달라이라마의 보호를 받으며 다람살라 규또사원에 머물고 있다. 그리고 쫑카빠 대사의 두 제자인 달라이라마와 반첸라마가 환생하여 겔룩파 전승의

달라이라마와 필자

법맥을 이어가고 있다. 열네 번째 환생한 달라이라마는 현
재 전 세계인으로부터 금세기 최고의 성자로 추앙받고 있다.

　달라이라마의 스승, '왕사王師'라 불리는 링 린포체도 환생
자인데, 그는 현재 북인도 다람살라에 살고 있다. 링 린포
체는 지난 2002년 2월 달라이라마의 친서를 가지고 한국을

방문해 많은 불자들에게 관정을 주었다.

티베트에서는 스승과 제자가 서로 다른 시기에 환생해, 서로의 환생을 인도하고 교육해 옛 모습을 회복할 수 있도록 돕는다.

예를 들면, 달라이라마의 어린 환생자를 스승인 링 린포체가 찾아내 곁에서 모시며 교육했다. 링 린포체가 연로해 죽었을 때는 달라이라마가 린포체의 환생자를 찾아 교육시켰다. 이렇게 스승과 제자가 윤회의 길에서 미혹되지 않고, 전생의 훌륭한 모습을 회복할 수 있도록 세세생생 서로를 책임지고 인도해 주는 것이다.

환생의 원력을 세운 스승들은 대부분 자신이 언제 어느 곳에서 누구를 부모로 하여 태어날 것인지를 유서로 남긴다. 때로는 도반이나 제자들의 꿈속에 나타나 그것을 밝히기도 한다.

티베트의 이러한 환생을 이해하려면, 환생을 소재로 한 영화 '쿤둔'과 '리틀 붓다'를 참고하면 좋다.

현재에도 티베트의 환생자라고 일컬어지는 적지 않은 분들이 세계인의 주목을 끌고 있다. 얼마 전에는 스페인에 환생한 예세라마의 이야기를 미국인 제자였던 신문기자가 책으로 엮어 베스트셀러가 된 적이 있다.

또 서양 제자를 많이 두었던 깔루 린포체와 딩고켄체 린포체의 환생자들도 아직은 어린 나이지만, 여전히 전생에 인연을 맺었던 많은 제자들의 귀의처가 되고 있다.

네팔에 있는 우겐뚤구 린포체 집안에서는 17명의 많은 환생자가 탄생하였다. 많은 환생자를 낳은 우겐뚤구 린포체의 칸돌마(린포체의 부인이 되는 수승한 여인을 부르는 말로, 티베트에서는 백 명의 여인 가운데 칸돌마가 되는 자격을 갖춘 여인이 하나 있다고 말한다. 엄격한 간택 과정을 거쳐 린포체의 부인으로 선택되며, 환생을 원하는 다른 린포체들의 입태를 위해 상당한 수행과정을 거친다)는 훌륭하고 현숙한 여인으로 많은 티베트 사람들에게 존경 받고 있는 분이었다.

나는 그 집안에서 태어난 촉니 린포체를 따시종에서 만났다. 린포체는 티베트에 천 명이 넘는 비구니 도량의 주지이고 네팔에도 절이 있다. 따시종 사원에도 많은 도움을 주고 있다.

촉니 린포체는 유난히도 푸근하고 편안한 에너지를 가진 분이었다. 그래서인지 이제 서른 살이 갓 넘었는데도 불구하고 많은 서양 사람들의 구루로서 귀의처가 되고 있다.

그때 함께 있던 한 한국인 처사가 물었다.

"우리 세속인들은 한 가족 네 명도 먹여살리기 어려워 쩔

쩔 매는데, 린포체는 어린 연세에 어떻게 1,500명의 대중을 다 먹여살릴 수 있습니까?

미소로 답을 대신하는 린포체의 모습은 우리가 현생의 나이만을 집착하는 어리석음을 어여삐 여기는 듯했다. 2011년 캄튤 린포체와 촉니 린포체가 함께 한국에 와서 한국불자들과 좋은 법연을 맺었다. 같은 해에 촉니 린포체의 친동생인 밍규르 린포체께서 한국을 방문해 한국불자들에게 티베트의 즐거운 지혜를 전해주었다.

이제 환생과 관련된 아주 신비하고 재미있는 이야기들을 함께 살펴보자.

환생을 증명하는 이야기

제8대 캄튤 린포체는 딜고켄제 린포체와 친구 사이로, 49세 나이로 열반에 들었다. 얼마 후 캄튤 린포체가 딜고켄제 린포체의 꿈에 나타나자 딜고켄제 린포체는 물었다.

"성취자가 왜 그렇게 일찍 세상을 떠났소? 말 못할 장애가 있어 그렇게 한 것이 아니오?"

그러자 캄튤 린포체는 갑자기 분노존의 모습을 나투며 말했다.

"단지 인연이 다하여 그랬을 뿐이오. 이제는 몸을 바꿔 태어날 때가 되었소."

그리고는 '네팔의 어느 지방, 금의 원숭이 해에 누구의 아들로 태어나리라'는 내용의 게송을 읊으며, 자신이 환생할 곳을 알려주었다.

한편 나의 스승인 구루 암틴은 제8대 캄튤 린포체를 의지하여 출가했으며, 두 분은 스승과 제자로서 아주 두터운 정을 나누었다.

이윽고 캄튤 린포체가 죽은 몇 년 뒤, 암틴은 린포체의 여러 제자들과 함께 스승의 환생자로 여겨지는 아이의 집을 처음 방문하게 되었다.

아이는 이제 겨우 책상을 의지해 일어설 수 있는 나이에 불과했다. 그러나 환생자로 여겨지는 그 아이는 전생에 자신이 사용하던 물건들을 모두 알아맞추고, 제자들 이름까지 정확히 기억했다.

심지어 아이는 집 밖의 보이지 않는 곳에서 제자들이 각각 시차를 두고 부는 잘링(티베트에서 사용하는 나팔과 같은 법구) 소리를 방 안에서 듣고, 누가 부는 것인지도 알아맞췄다.

하루는 암틴이 여러 수행자들과 함께 법당 주위를 돌며 기도하고 있었다. 그때 겨우 한 돌이 지난 캄튤 린포체가 암틴에게 아장아장 다가와 이렇게 말했다.

"자네는 내가 없는 사이에 왜 그렇게 늙었는가?"

또한 몇 년 후에 아이는 린포체가 전생에 종종 했었던 라마댄싱을 재현해 보였다.

❉

나는 티베트불교를 접하고도 얼마 동안, 겨우 젖먹이 아기에게 환생자라고 하여 전생의 지위와 재산 모두를 돌려주고, 전생에 한 것과 똑같이 존경과 헌신을 바치는 것이 좀처럼 받아들여지지 않았다.

그러던 어느 날, 유난히 키 크고 머리를 빡빡 깎은 이스라엘 청년이 따시종에 있는 암틴을 방문하고 물었다. 그는 당시 티베트불교를 8년째 수행중이었다.

"얼마 전 빠드마삼바와의 성지로 유명한 부탄의 '바로닥창'에 불이 났다고 합니다. 말법세에 불법이 쇠퇴하고 많은 가짜 환생자가 나게 되면 그곳에 불이 날 것이라는 예언서를 읽은 적이 있는데, 혹시 요즘의 환생자 가운데 가짜가 많은 것은 아닙니까?"

암틴은 그 말에 동의한다는 것인지 아닌 것인지 별 말이 없었다. 옆에서 통역하던 나는 문득 이런 생각이 들었다.

'지금 따시종에서 모든 대중들이 부처님과 같이 존경하고 있는, 이제 겨우 20세밖에 안 되는 캄튤 린포체는 어떤가?'

그리고는 마음속으로 뜬금없이 '만약 그분이 가짜가 아니라면 오늘밤 내 꿈에 나타나 공양을 받아가실지 모른다'라고.

그런데 그날 밤, 나는 꿈을 꾸었다. 놀랍게도 캄튤 린포체가 자신을 낳아준 어머니를 모시고 와서는 음식을 공양받고 돌아가는 것이었다. 너무나 놀랍고 신기해 이튿날 구루 암틴에게 말했더니, 암틴은 웃으면서 캄튤 린포체가 아이였을 시절 전생의 제자들을 다 기억했던 이야기 등을 들려 주었다.

❋

깔루 린포체는 한 생에 모든 수행을 성취하여 불도를 깨달았다. 생전에 많은 신통으로 이적을 보이기도 했으며, 티베트의 최고 성취자인 제2의 밀라래빠로 불리던 분이다. 71세 부터는 전 세계적으로 제자들을 가르치기 시작했는데, 티베트불교를 처음으로 서양에 전하고 실제 수행할 수 있는 무문관을 100여 개나 세웠다.

1989년에 입적한 깔루 린포체는 자신이 예시한 대로 1990

2대 깔루 린포체(1990~)와 필자

년 9월 17일 마하깔라 재일에 조카의 아들로 환생하였다. 조카는 부인이 있는 라마였고, 생전에 린포체를 모시고 받들었다.

티베트에서는 닝마파 등 일부 파에서만 40대 이상의 스승들에게 부인을 두는 것을 허용한다. 그 이유는 두 가지로 볼 수 있다. 하나는 성적에너지를 이용하여 근본무명을 깨부수고 완전한 깨달음을 이루고자 함이요, 다른 하나는 린포체들의 환생을 돕고자 함이다. 열반한 린포체는 본존불의 모습으로, 수행하는 결혼한 라마와 부인의 몸에 본존불의 빛을 따라 입태하게 되는 것이다.

아무튼 조카는 식사 때마다 연로한 스승 깔루 린포체에게 종종 이렇게 말했다.

"스승님, 제발 잘 잡숫고 기운 좀 차리십시오."

그때마다 깔루 린포체는 다음과 같은 말로 암시를 주곤하였다.

"네가 늙은 후, 내가 자꾸 음식을 먹으라고 하면 그때에 어떤지 알게 될 게야."

이윽고 깔루 린포체는 당신의 마지막 날을 감지하고, 열반하기 전에 제자들을 이끌고 다람살라로 가서 달라이라마를 뵈었다.

"이제 곧 가야 할 때가 되어 하직인사를 드리러 왔습니다."

그리고 머지않아 곧 열반에 들었다.

내가 그분을 처음 만난 것은 조카의 아들로 환생하여 5세 정도되었을 때였다. 깔루 린포체는 전생에 딱 한 번 대만에 갔었다. 그때 대만 불자들이 올린 시주금으로 대만에 세 개의 무문관센터를 건립했다. 그분은 평소 이렇게 말하였다.

"불법은 듣기만 해서 되는 것이 아니다. 직접 수행하고 실천해야 한다. 불법은 생각만 해서 되는 것이 아니다. 반드시 수행을 통해 성취해야 한다."

환생한 깔루 린포체는 다섯 살 때, 전생에 자신이 타이페이에 건립한 무문관을 방문하게 되었다. 나는 호기심으로 무문관 수행자, 신도들과 함께 린포체를 영접하기 위해 마당 대열에 끼어서 서있었다. 어린 깔루 린포체는 차에서 내려서 아장아장 사람들을 향해 걸어왔다.

함께 온 부친인 듯한 라마가 내 카닥을 받으라고 린포체에게 하는 것 같았다. 그러더니 어린 린포체는 지나가면서 손등으로 내 머리를 툭 치고, 내 뒤에 서있던 중풍에 걸려 지팡이를 짚은 반신불수의 늙은 처사에게 다가가 손을 잡고 이층 법당으로 올라갔다.

나중에 알고 보니 그 처사는 전직 경찰서장을 지냈고, 무문관을 건립할 당시 땅을 기증했던 대 시주자였다. 보통의 아이들 같으면 낯설고 중풍까지 걸린 노인을 만나면 싫어하고 피했을 텐데, 어린 린포체는 너무도 자상하게 불편한 노인의 떨리는 손을 잡고 법당으로 가고 있었다.

어린 깔루 린포체의 손등이 내 정수리를 툭치는 순간 단전에서부터 뭉클한 기운이 꿈틀하더니 가슴을 통과해서 올라왔다. 그러더니 원인을 알 수 없는 눈물이 펑펑 쏟아지

는 것이 아닌가! 처음 보는 분이고 내 인사를 받지 않는다
고 그리 슬플 것도 없건만… 특히 나는 평소에 거의 눈물
을 흘리지 않는 비교적 냉철한 성격이었다.

자재할 수 없는 눈물은 며칠 동안 계속되었다. 나는 5세
의 깔루 린포체에게 그 원인을 물었다. 그분은 이렇게 말해
주었다.

"너는 전생에 나의 제자였다."

그제야 나는 눈물의 원인을 알 수 있었고, 7일간 찍은 사
진 필름이 14통이나 되었다. 부처님 당시의 제자들은 부처
님이 너무도 황홀하여 눈조차 깜빡거리지 않았다는 경전
속의 표현처럼….

그리고 두 달간 그분을 모셨고, 관음의 분노존인 마하깔
라 관정과 문수보살 관정도 받았다. 이 두 관정을 통해 나
는 마하깔라의 현전가피와 문수보살의 명훈가피를 입는 영
험을 체험했다.

✿

어느 날 매스컴에 자주 오르내리던 한국의 큰스님 한 분
이 따시종을 방문했다. 그분은 많은 제자를 거느린 큰스님
이었기 때문에, 나이가 어린 캄튤 린포체에게 머리를 숙일

수가 없다고 했다. 하지만 그는 세수로 여든이 넘은 독댄 암잠은 특히 존경하고 좋아했다.

그러던 어느 날, 빠드마삼바와의 법회가 봉행되고, 캄튤 린포체의 가피관정이 있었다. 그날, 한국의 큰스님은 어린 환생자에게 머리를 대고 관정받는 것에 대해 여간 거북해하지 않았다.

그런데 독댄 암잠이 노구를 이끌고 어린 린포체에게 정중히 머리를 숙이는 모습을 보게 되었다. 그 모습은 전혀 위장이나 억지가 아닌 가슴속 깊은 곳으로부터 자연스럽게 우러나오는 존경과 헌신 그 자체임을 직감적으로 느꼈다. 그 스님은 감동과 함께 신심이 새삼 솟아나는 것을 느꼈다.

암잠은 삼대에 걸쳐 환생한 캄튤 린포체를 스승으로 모신 무문관 수행 성취자였다. 그는 환생한 세 분의 본질은 모두 같았다고 항상 말하였다. 또한 따시종에서 만 7년 동안 캄튤 린포체의 모습을 보아왔지만, 14세 사춘기 소년의 모습이나 20세 청년의 모습이나 그 고요함과 자비로움과 환희로움은 시종일관 한결같았다. 캄튤 린포체의 스승이요 시봉자인 독댄 아추는 이렇게 말했다.

"캄튤 린포체를 모신 이후로 현재까지 '싫어', '아니야' 등의 부정적인 언어나 표정은 한번도 본 적이 없다."

한국스님에게 관정가피를 내리고 있는 캄튤 린포체

　　캄튤 린포체는 묵언과 무문관 수행으로 일관하다가 20
세가 되던 해 여름, 해제법문을 계기로 입을 열고 지금은
제자들을 가르치고 있다. 2011년에 법등사 티베트문화원의
초청으로 한국을 방문하여 포와수행을 전수하고 빠드마삼
바와 관정을 내렸다.

티베트불교

입   문

귀의

불법승 삼보만이 두렵고 엄청난 윤회의 고통에서 나를
구해줄 수 있다고 확실한 신뢰를 갖고 온전히 삼보께
몸과 마음을 의지하라.

불교의 첫 관문은 귀의

법을 전수하는 티베트사원에 참석하면 법사는 제일 먼저 귀의의 중요성과 함께 순수한 보리심에 대한 가르침을 설명한다.

귀의란 불교도와 비불교도, 즉 내도內道와 외도外道를 구분짓는 관건이다. 어린아이가 무서운 개한테 쫓기어 어머니 품안으로 달려오듯이, 불법승 삼보만이 두렵고 엄청난 윤회의 고통에서 나를 구해줄 수 있다고 확실한 신뢰를 갖고 온전히 삼보께 몸과 마음을 의지하라는 것이다.

그래서 티베트사람들은 차나 비행기를 타고 가다가 사고의 위험에 직면했을 때에도, '귀의금강상사 귀의불 귀의법 귀의승' 하고 귀의문을 간절히 염송하는 것을 자주 보게 된다.

그 뿐만 아니라 자신의 운세가 안 좋다고 느끼거나 매우 어려운 상황에 처해 큰스님께 해결책을 상의하러 오면, 귀의문을 많이 염송하는 기도를 하라고 하는 것을 자주 보았다. 이와 비슷한 고사는 부처님 당시에도 있다.

석가모니부처님께 수발타라라는 한 제자가 있었다. 집은 가난하고 의지할 사람도 없이 외롭게 살다가 괴로움이 극도에 달하자 부처님께 출가하기로 결심했다. 그러나 때마침 부처님께서 외출중이었고, 여러 큰제자들이 그의 과거 인연을 관해 보니 팔만 겁 동안 선근을 심은 일이 없었다. 그래서 머무르는 것을 허락치 않고 돌려보냈다.

괴로움이 극에 달한 수발타라는 성 밖으로 나갔다. 업장이 이렇게 두터우니 차라리 죽는 게 낫다고 생각하여, 막 자살하려는데 부처님께서 어느 결에 나타나서 까닭을 물으셨다. 수발타라가 자초지종을 말하자, 부처님께서 그를 제자로 받아주었고 7일만에 아라한과를 증득하였다.

제자들이 그 연유를 여쭈니 부처님께서 말씀하셨다.

"그대들은 단지 팔만겁 안의 일만 알고 팔만겁 이전에 일찍이 그가 선근을 심은 것을 모른다. 그때 역시 그는 가난해 나무를 해다 팔면서 살았다. 하루는 산에서 호랑이를 만났는데, 도망칠 곳이 없어서 급히 나무 위로 올라갔다. 호랑이가 나무둥치 밑을 물어뜯고 흔들어서 나무가 부러지려고 했다. 그는 마음이 다급했지만 누구 하나 구해줄 사람이 없었다. 그때 문득 대각부처님께서는 자비력이 있어 능

히 모든 중생의 고통을 구제한다는데에 생각이 미쳤다. 그
래서 '나무불! 빨리 저를 구해주십시오!' 하였다. 호랑이가
'나무불' 소리를 듣더니 멀찍이 떠나가서 목숨을 다치지 않
았다. 이때에 그는 깨달음의 바른 종자를 심어서 오늘날 인
연이 성숙되어 과위를 증득한 것이다'라고 하셨다. 여러 제
자들은 그 이야기를 듣고 크게 기뻐하며 수희찬탄하였다.

위 고사에서와 같이 티베트사람들도 귀의를 수행과 기도
의 하나로 중요시하며 실천을 생활화하기 때문에 귀의와 관
계된 많은 영험담이 있다.

삼보와 삼근본에 대한 귀의

수행에 입문하면 먼저 기초사가행 수행을 하는데 그 중
제일 먼저 귀의대예배를 십만번해야 한다. 귀의의 대상을
모신 탕카(구루트리 혹은 귀의경歸依境이라 함)를 앞에 모셔 놓
고 전신으로 오체투지를 하면서, 입으로는 귀의문을 염송
하고 마음으로는 나 혼자만이 아닌 허공과 같이 많은 육도
중생들을 다 내 어머니라고 생각하며, 함께 간절한 마음으
로 삼보께 귀의를 한다. 티베트불교에서는 귀의의 대상을

불법승 삼보뿐만 아니라 삼근본에 귀의한다. 가피의 근본으로 스승님과 그 법을 전수해온 전승조사들, 성취의 근본으로서 그 법의 수호본존인 각 파의 본존들과 외호의 근본이라 하여 남녀호법신인 다까·다끼니와 자량을 구족케하는 재신財神들이 다 귀의의 대상이다.

이렇게 간절한 마음으로 삼보와 삼근본에 진정코 귀의하는 신심이 생겼을 때에야 비로소 윤회의 고통에서 해탈할 수 있는 불법의 수행에 입문할 수 있다는 것이다.

진정 삼보에 귀의하기 위해서는 무엇보다도 윤회의 고통을 뼈속 깊이 느끼고 알아서 윤회계를 벗어나고자 하는 간절한 바람이 선행되어야 한다. 그것을 염리심 혹은 출리심이라 한다. 윤회계의 모든 것은 고통이 본질임을 알아서 두려운 마음을 내어 마음을 불법에 향하게 해야 한다는 것이다. 그래서 윤회의 고통에서 벗어나고자 하는 간절한 염리심이 일어났을 때에야 비로소 수행에 입문하게 되므로 염리심을 도道의 시작이요, 수행자의 머리라 한 것이다.

발보리심

이 지구의 흙을 다 부수어 노간주나무 씨앗만 한 크기의 환을 만든다 해도 한 사람이 무수한 삶을 되풀이하며 인연 맺었던 어머니의 숫자에는 미치지 못한다.

보리심은 수행자의 마음

염리심을 수행자의 머리라 한다면 보리심은 수행자의 마음이라고 구루는 항상 말했다. 우리가 도를 성취하는 목적은 일체 중생을 해탈시키고자 하는 데 있다. 과거 생에 나의 부모가 아니였던 중생이 하나도 없기 때문에 일체 중생이 곧 나의 부모이자 가장 은혜로운 어머니라는 것이다.

용수보살은 『보행왕정론』에서 말했다.

이 지구의 흙을 다 부수어 노간주나무 씨앗만 한 크기의 환을 만든다 해도, 한 사람이 무수한 삶을 되풀이하며 인연 맺었던 어머니의 숫자에는 미치지 못한다.

온 우주에 가득한 헤아릴 수 없이 많은 어머니와 같은 중생들이 윤회의 고통 속에서 괴로워하는데 어찌 방관할 수 있겠는가! 그래서 티베트불교에서는 무엇보다도 보리심을 강조하고, 보리심이 수행의 궁극적 목적이다. 바꾸어 말하자면 보리심은 깨달음의 전제이자 뿌리이다. 그것은 관용이라는 고갈되지 않는 보물에 비유된다. 그래서 티베트에서는 수행을 마치기 전에 반드시 보리심을 일으키고 기르는 기도를 한다.

> 보리심의 보배를
> 일으키지 못한 자는 일어나게 하시고
> 이미 일어난 자는
> 더욱 더 증장케하소서.

보리심을 일으키는 데에는 세 가지 유형이 있다.
첫째는 양치는 목자와 같은 발심이다.
둘째는 뱃사공과 같은 발심이다.
셋째는 왕과 같은 발심이다.

양치는 목자는 양들을 다 앞에 보내고 자신은 맨 뒤에 따라간다. 일체 중생을 다 성불시킨 후에 자신이 성불하겠다는 발심이다.

뱃사공은 손님을 모두 배에 싣고 함께 강을 건넌다. 중생과 내가 함께 성불하고자 하는 발심이다.

왕은 항상 자신을 만백성 위에 놓는다. 곧 내가 먼저 성불한 후 중생을 제도하겠다는 발심이다. 물론 구루는 목자와 같은 발심이 가장 수승한 보리심이라 말한다.

그러나 수행성취가 안된 상태에서 보살행을 하는 것은 무척 위험하다고 말한다. 그것은 마치 두 팔이 없는 어머니가 물에 빠지는 아기를 보고 물에 뛰어드는 것과 같아서, 함께 죽을 뿐 서로에게 아무런 도움도 되지 않는다.

그러므로 원력보살의 환생자가 아닌 대부분 근기의 사람들은 자비와 방편, 공성과 지혜의 두 팔이 자라날 수 있게 먼저 적정처에서 수행하여 힘을 얻어야 한다. 다만 수행의 전제는 일체 중생을 하나도 빠짐없이 성불하게 하겠다는 보리심을 먼저 굳건히 발심해야 한다고 가르친다.

보리심의 자비를 베푼다는 것이 실제 상황에 부딪쳤을 때 쉬운 일이 아님은 누구나 한번쯤 체험했을 것이다.

"모든 이익과 기쁨을 남한테 주고, 모든 손실과 고통을 자기자신이 취하라." 이 글에 보리심의 내용 전부가 함축되어 있다. 거의 상상하기 어려운 자비이다. 병원에서 불치의 병으로 죽어가는 환자의 고통과 병을 대신 받는다는 것은 상상조차 하기 어렵다. 그러나 우리가 원하든 원하지 않든 성불하기를 바란다면 이 가르침대로 수행해야 한다.

통렌수행

티베트불교에서는 보리심을 증장시키기 위해 자비심을 기르는 구체적인 수행방편을 많이 갖추어 놓았다. 그 중 가장 널리 쓰이는 수행법이 통렌수행이다. 역대의 많은 스승들이 그러한 방편을 통해 깨달음을 성취했으며 오늘날까지도 널리 전수되고 있다.

통렌수행은 호흡에 의해 맞추어 행해진다. 숨을 내쉴 때는 밝고 흰빛이 나의 몸에서 나와 삼악도에 있는 고통받는 중생들은 물론 육도에 있는 모든 중생들에게 비추되, 그들이 그 빛으로 인해 행복하고 편안해진다고 관상한다.

또 숨을 들이 마실 때에는 모든 중생들의 고통이 검은빛으로 나에게 다 들어와서 내가 그들의 고통을 대신 받는다고 관상한다. 이렇게 매일 21번 정도 수행하면서 다음과 같이 기원한다. '모든 중생들의 고통은 내가 대신 다 받고, 행복과 기쁨만이 그들에게 충만하여지이다.'

달라이라마께서는 말씀하셨다.

"우리는 세세생생 자기자신만을 위해 살아왔다. 그럼에도 불구하고 아직도 행복하지 못해 괴로워한다면 자신만을 위한 삶의 방식이 잘못된 것이 아니겠는가. 지금이야말로 그 방법을 바꿀 때가 아닐까?"

자비야말로 행복하고자 하는 소망을 실현시키는 보배로 그 축복의 빛은 온 우주에 두루 미치는 것이다.

소걀 린포체는 말했다.

"자비는 동정보다 훨씬 위대하고 고귀하다. 동정은 두려움을 근거로 건방진 우월감에 젖은 듯한 느낌이 배어있기도 하다. 자비심을 기르면 모든 중생이 똑같이 비슷한 방식으로 고통받는다는 것을 알게 되고, 고통에 신음하는 모든 중생을 섬기고, 우리가 다른 사람으로부터 벗어날 수 없고, 어느 누구보다 우월하지 않음도 알게 된다.

따라서 고통에 신음하는 사람을 보고서 처음 반응은 단순한 동정보다는 자비심이어야 한다. 그를 존중하고 감사의 마음까지도 느낄 수 있어야 한다. 왜냐하면 그 고통을 겪으면서 우리에게 자비심이 솟아나게 해준 거룩한 선물을 준 것이고, 영적인 깨달음에 가장 필요한 자질이 계발되도록 우리를 도와준 것이기 때문이다."

다람살라에는 무수한 문둥병 환자와 거지들이 거리에서 구걸한다. 티베트인들이 초하루 보름이나 특별한 의미가 있는 날이면, 피부가 닿을까 두려운 문둥병 환자나 거지들이 우리의 성불을 돕기 위한 부처의 화현이라고 믿고 열심히 보시하는 것을 자주 보게 된다.

사무량심

중생들이 다 행복할 수 있다면 얼마나 좋을까
중생들을 다 행복하게 해주겠다
중생들이 다 행복하기를 바랍니다
중생들이 다 행복할 수 있도록 가호를 내려 달라

발보리심과 함께 수행의 전제가 되는 마음이 사무량심이다. 사무량심은 자비희사慈悲喜捨의 네 가지 무량한 마음이다. 성불하기 위해서는 먼저 일체법에 자성이 없음을 깨달아 공성을 증득해야 한다. 그러한 공성과 지혜를 깨닫기 위해서는 반드시 보리심을 일으켜야 한다. 보리심은 사무량심을 통해 증장된다.

자심慈心의 대상은 고통은 크게 없으나 행복을 얻지 못한 중생들을 자애하는 마음이고, 비심悲心의 대상은 병이나 어려움으로 고통 겪는 중생을 불쌍히 여기는 마음이다.

희심喜心이란 이미 행복을 갖춘 중생들의 행복을 함께 기뻐하고 그 행복이 영원하기를 바라는 마음이다.

사심捨心이란 평등한 마음으로 일체 중생들에게 탐착이나 진심을 내는 등 불평등한 마음이 없이 모든 중생을 평등한 마음으로 대하는 것이다.

자심은 다른 이를 해하려는 마음을 없앤다. 빛이 있으면 어둠이 사라지듯, 자애로운 마음은 자연히 중생들을 해치고자 하는 마음을 없어지게 한다. 비심을 냄으로써 중생들을 해치는 직접적인 행위를 하지 않게 되는 것이다. 희심을 냄으로써 중생들을 질투하거나 싫어하는 마음이 사라지고, 사심을 냄으로써 일체 중생을 좋아하고 싫어함이 없이 평등히 대하게 되는 것이다.

이러한 마음이 바로 청정심으로 성불에 이르는 복덕자량을 가장 빠르게 쌓는 길이다. 티베트불교에서는 다음과 같은 네 가지 방식으로 사무량심을 익혀야 보리심을 낼 수 있다고 가르친다.

첫째, 중생들이 다 행복할 수 있다면 얼마나 좋을까 하는 원하는 마음을 낸다.

둘째, 중생들을 다 행복하게 해주겠다고 맹세를 한다.

셋째, 중생들이 다 행복하기를 바랍니다라는 기원을 한다.

넷째, 중생들이 다 행복할 수 있도록 가호를 내려 달라고 간청한다.

이와 같이 티베트 불교에서는, 자비희사의 무한히 넓은 마음을 하나씩 마음속 깊이 새기면서 그러한 마음을 반복해서 일으킬 때, 진정한 보리심이 일어날 것이라고 수행에 들어가기 앞서서 강조해 가르친다.

금강살타 수행

티베트불교 각 파에서 필수의 정화수행으로 기초 사가행 중에서 귀의 대예배 다음에 두 번째로 거쳐야 하는 과정이다.

금강살타 수행은 생기차제의 대표적인 수행이다. 이 수행은 티베트불교 각 파에서 필수의 정화수행으로 기초 사가행 중에서 귀의 대예배 다음에 두 번째로 거쳐야 하는 과정이다.

이는 많은 성취자들이 강조하는 수행으로 수행의 시작이자 가장 지극한 깨달음이라고 여겨지고 있다. 다시 말해서 수행을 하기에 앞서 먼저 자신의 업장을 청정히 하여 오독 번뇌로 물들여진 법기法器를 완전히 정화시킨 뒤에 비로소 법수法水가 담겨서 성불에 이를 수 있다. 이 업장 소멸을 위한 수행으로 금강살타가 가장 효율적으로 쓰인다. 업장이 다 소멸되면 본연의 불성이 드러나게 되는데, 그것이 바로 가장 지극한 깨달음인 금강살타이다.

많은 사람들이 번잡한 관상과 만트라를 모시는 생기차제 수행보다는, 자성의 본 모습을 그대로 관조하는 언뜻 듣기에 무척 간단하게 느껴지는 원만차제 수행만 하기를 원한다.

황달에 걸린 환자의 눈에는 흰 그릇도 누렇게 보인다. 그 환자에게 그릇이 흰색이라고 강조하기보다는 황달을 고쳐

금강살타

서 스스로 흰색을 볼 수 있도록 해주는 것이 적절한 방법일 것이다. 그와 마찬가지로 우리 모두가 본래 부처이지만 무시이래의 업장에 가려 부처임을 알지 못하고 있으니, 그 업장을 정화하여 본래 부처임을 스스로 알 수 있도록 해주는 것이 생기차제 수행이요, 그 중에서도 가장 수승하고 효율적인 수행이 금강살타로서 중요시되고 있다.

금강살타 만트라는 그 음절이 백개라 하여 일명 백자명百字明으로 부른다. 불보살님들의 모든 만트라는 백자명에서 비롯되었다. 이 진언을 지송하면 모든 불보살의 심주心呪를 모시는 것과 같아 가피의 힘도 그만큼 크다고 한다.

나는 인도 따시종 사원에 있으면서 한국 스님들이나 많은 외국인들이 기초 수행단계에서, 특히 금강살타 수행을 할 때에 실제에서나 꿈에서 자신의 업장이 많이 정화되었음을 느끼고 환희심을 경험한 이야기를 많이 들었다.

이 사원에서 근래에 최고 성취자였던 독댄 암잠은 일생동안 금강살타 수행을 중심으로 수행했는데, 무문관에 들어가기에 앞서 자신의 몸이 간신히 들어가는 벼랑 위 좁은 동굴에서 거의 잠자지 않고 보릿가루로 공양하면서 6년간 이 만트라를 백만독씩 백번했다고 한다.

그 이후 삼매를 얻고 잠을 조복받고 무문관을 성취할 수 있는 힘을 얻었다는 일화는 아주 유명하다. 그래서인지 이 곳의 티베트 스님들은 무문관을 하기에 앞서 백자명만트라를 백만독하는 것이 불문율로 되어 있다.

금강살타 진언을 한글로 표기하면 아래와 같다.

옴 벤자 싸또싸마야 마누 빠라야

벤쟈 싸또띠노빠

티타디또 메바와

쑤또쇼 메바와

아누라또 메바와

쑤뽀쇼 메바와

싸르와 씨띠 메빠야차

싸르와 깔마 쑤짜메

찌땀 씨리얌 꾸루훔

하하하하호

바가완 싸르와 타타가따

벤자 마메무짜 벤자 바하와

마하 싸마야 싸또아

금강살타 부처님을 정수리에 관상하고 이 만트라를 지성으로 독송한다. 그러면 목욕을 한다든지 빨래를 한다든지

독댄 암잠의 심장과 혀를 모신 다보탑 뒤에 선 필자

흰 옷을 입거나, 하늘을 난다든지 설산에 오르거나 몸에서
고름이나 독충 혹은 벌레나 오물이 빠져나가는 등의 꿈을
꾸게 된다. 이것은 업장이나 장애 병 등이 소멸되는 징조라
고 한다.

특히 수행자가 계율을 범한 허물을 정화시켜 주는데, 비

구 비구니가 바라이죄를 범한 허물조차도 금강살타 수행을 통해 정화시킬 수 있다고 한다.

자신의 허물을 간절히 뉘우치고 다시는 범하지 않겠다는 강한 결심이 전제된 마음일 때라야 수행 효과가 있다.

자신의 업장뿐만 아니라 죽은 영혼의 업장을 정화할 때도 사용되는데, 특히 수행 중에 오는 장애나 병 등을 막아 준다고 한다.

그리고 수행 중에 여법치 못했던 부분이나 내용을 빠뜨렸거나 산란했던 부분들을 보결補缺하는 역할도 한다. 때문에 수행 뒤에 마지막으로 반드시 이 진언을 일곱 번이나 스물한 번을 하여 보궐진언을 대신한다.

만다라 공양

모든 부처님과 보살 등 성중들이 모여 있는 곳을 만다라라고 부른다. 거룩한 성현들에게 모든 값나가고 귀한 것을 공양 올린다.

부처님께서는 『대반야경大般若經』에서 "자비로 상수上首를 삼고 방편으로 구경을 삼는다"고 하셨다. 이는 '자비를 으뜸으로 삼고 방편으로 일체 중생을 제도한다'는 말과도 같다.

티베트불교는 수승한 방편으로 한 생에 성불할 수 있는 '즉신성불卽身成佛'을 주장한다. 성불을 위한 수행 과정에서 쉽고 빠른 시일에 성취할 수 있도록 갖가지 방편을 만들었다.

또한 성취한 다음, 중생을 제도하고 이롭게 하는 세세하고 많은 방편들을 중생의 근기에 맞게 효과적으로 활용한다.

그 방편들 가운데 아주 큰 비중을 차지하는 것이 공양供養이다. 공양은 글자의 뜻처럼 '웃어른에게 음식을 대접한다'는 의미만 지닌 것이 아니다. 누구를 위해 바치는 것을 넘어서서, 내 육체를 수양修養하고 정신력 함양을 위해 올리는 것이다. 곧 공양이란 단어 속에는 무엇인가를 바쳐서 '참 생명력을 기른다'는 뜻이 깃들어 있다.

물론 공양은 불보살님이나 삼보 전에 올리는 것만을 의미하지는 않는다. 우리와 같은 중생, 우리보다 못한 중생에게도 공양을 올려 '참 생명'을 일깨우고 '깨달음'을 이루도록 해야 한다. 티베트에는 이와 같은 공양의 방편이 매우 다양하다. 한 예를 들어보자.

❋

나는 따시종 사원에서 대중스님들 모두가 1년에 한 번씩 의례적으로 거행하는 중요한 기도에 몇 번 참석했다.

티베트 사원에서는 기도할 때 음의 높낮이가 다른 여러 관악기와 타악기를 많이 사용하는데 대략 20여 개가 넘는다. 새벽의 여명을 타고 멀리 퍼지는 소라고동의 소리는, 마치 우리 영혼을 히말라야 고원 만년설의 나라로 이끄는 듯하다. 그런가 하면 아름다운 소리를 내는 '잘링', 사람 정강이뼈로 만들어 탁하고 쉰소리를 내는 법구, 소름 돋는 소리를 내는 호각들도 사용한다.

이른바 문명 국가에서 온 나는 번거로운 것보다 편리하고 단순하고, 인스턴트 문화에 길들여져서 그런지 그 의식들이 번잡하고 조금은 과장되게 느껴졌다. 그래서 어떤 라마에게 물었다.

"왜 그렇게 복잡한 의식 과정과 법구들을 동원해야 합니까?"

라마는 이렇게 설명했다.

만다라 공양 때 관상하는 수미산 사대부주 도면

　"이 기도의 목적은 모든 불보살님과 호법신들에게 공양하는 것으로 끝나지 않는다. 육도에서 태란습화胎卵濕化로 태어난 각종 업생業生의 중생들이 이 기도 소리를 듣고 해탈을 얻을 수 있도록 해야 한다. 하지만 그들이 들어서 해탈을 얻을 수 있는 소리의 높낮이와 톤은 모두 다르다. 그래서 그렇게 많은 종류의 법구를 사용하고 복잡한 의식을 베푸는 것이다."

곧 눈이 열린 성취자들이 기도를 통해 중생들이 해탈을 얻을 수 있는 소리를 관한 다음, 듣거나 보기만 해도 즉시 해탈할 수 있게 만들었다는 말이다.

그뒤 나는 번잡한 법구들의 소리를 거부감 없이 받아들이게 되었다. 참된 공양의 의미가 그 속에 깃들어져 있음에 깊이 공감하면서….

티베트에서는 시방세계에 계신 불보살님들과 업이 다른 사생육도의 중생들에게 공양을 올리는 의식들이 다양하다.

기도의식에는 주로 네 가지 종류의 공양을 올린다. 물론 가장 많이 사용하는 것은 보릿가루와 버터를 섞은 돌마로 각종 모양을 만들어 올리는 '돌마공양'이다. 이것은 원래 인도에서 과자나 음식물로 올리던 것을, 티베트 사람들이 주식인 보릿가루와 버터를 섞은 돌마를 사용하도록 현실에 맞게 바꾼 것이다.

이 외에도 물로 공양을 올리는 수공水供과 불에 공양물을 태워 올리는 화공火供, 연기로 공양 올리는 연공煙供 등이 있다. 그리고 전문적인 수행의 한 방편으로 손꼽히는 만다라 공양이 있다.

돌마공양

수공水供

티베트 사람들은 아침마다 부처님 앞에 정수淨水를 일곱 잔 내지 스물한 잔 또는 그 이상을 올리면서, 자신이 바칠 수 있는 많은 공양물들을 관상한다.

어떤 린포체는 정수를 올리면 우리의 청정심이 증장된다 고 한다. 왜냐하면 맑은 물은 어디에나 흔하기 때문에, 인색한 마음 없이 항상 풍족하게 올릴 수 있다는 것이다. 실로 많은 잔의 정수를 부처님 전에 매일 올리는 행위는 복덕을 쌓고, 청청한 자성심自性心을 찾게 하는 아주 수승한 방편이다.

티베트 사람들이 기도의식 속에서 물로 공양을 올리는 대표적 신은, 공덕을 쌓아주고 재물을 가져다준다는 재신財神이다. 이 재신은 티베트 말로 '잠바라' 또는 '남세'라고 하는데, 우리 사찰의 사천왕四天王 가운데 한 분인 비사문천이기도 하다.

전설에 의하면, 비사문천은 한때 마왕과 결투를 하다가 몸에 심한 상처를 입었다. 그때 상처 입은 몸을 물에 담그자 편안함과 시원함을 느꼈기 때문에, 그 뒤부터 특히 물을 좋아하게 되었다고 한다.

대부분의 티베트 사람들은 승려나 재가신도를 막론하고 모두 재신을 모신다. 왜냐하면 수행을 하든 세속의 삶을 영위하든, 재물은 복덕을 쌓을 수 있게 해주는 필수조건이기 때문이다.

나는 어떤 라마가 불사하는데 재신의 도움이 필요하다며, 세 분의 재신상을 물이 담긴 유리컵에 넣어 모신 것을 보았다. 이것이 수공의 대표적인 예라고 할 수 있다.

연공 煙供

티베트 사람들은 달라이라마나 린포체들을 영접할 때 젖은 솔가지나 향나무·측백나무 가지를 꺾어 길 곳곳에 쌓아놓고 연기를 피운다. 마치 달라이라마나 린포체께서 오고 있다는 것을 알려 주기라도 하듯이….

그러나 그것은 신호가 아니고 연기공양의 일종이다. 대부분의 티베트 가정에서는 깡통 아랫부분과 옆부분에 구멍을 뚫어, 연기를 피우는 향통을 들고 아침마다 집 주위를 흔들며 돌아다닌다.

티베트 사람들 의식속에 아주 밀접하게 자리한 이 연기공양은 주위 환경을 정화하고 나쁜 기운을 몰아내는 데 사용된다. 특히 수행 과정이나 생활에서 본인도 모르게 지은 허물을 정화시켜 준다고 해 매일 연기향을 피우는 것이다.

연공에도 유래가 있다. 부처님 당시, 한 제자가 멀리에 계신 부처님께 공양을 올리고자 하는 마음이 간절하였다. 그러나 먼 곳까지 갈 수가 없자, 생각 끝에 좋은 향내나는 향나무가지를 많이 쌓아놓고 연기를 피워 공양하였다. 연기는 향기와 함께 부처님 전에까지 전달되었다. 나도 이와 비슷한 체험을 한 적이 있다.

꽃

　티베트의 훌륭한 고승 독댄 암잠이 열반한 후 첫 제삿날, 나는 옥상에서 생솔가지를 많이 쌓아놓고 연기로 공양을 올렸다. 그때 신기하게도 연기가 용트림을 하듯이, 똘똘 뭉쳐서 긴 용이 빠져나가듯, 곧바로 암잠 큰스님의 영구를 모신 법당으로 가는 것이 아닌가! 나를 비롯해 광경을 지켜본 모든 도반들이 감탄과 함께 크게 환희심을 내었다.

독댄 암잠 다비식

일반적으로 티베트 사원에서는 법당에서 대중들이 기도 의식을 할 때 밖에서 연기공양을 올리는 것이 상례이다.

화공火供

"화공은 우리의 인색한 마음을 자비심으로 대치하기 위해 생겨난 수행법이다."

누군가 내게 일러준 이 말처럼, 화공은 불 속에 모든 공양물을 태워 올림으로써 가슴 밑바닥에 도사리고 있던 한가닥 남은 인색함마저 남김없이 태워 없앤다는 의미가 있다.

티베트 사원에서는 기도회향을 하기 전에 동서남북 사방에 단을 차려놓고 화공을 한다. 사방을 지켜주신 호법신장들과 불보살님께 음식을 태우는 향으로써 감사 공양을 올리는 의식이다.

이때 신도들은 악업을 소멸해 달라는 의미로 검은 깨를, 선업이 증장되라는 의미로 흰 깨·보릿가루·우유 등을, 사업을 번창하게 해달라는 의미로 버터나 기름 등을 불에 넣어 올린다. 아픈 사람의 병을 낫게 해달라는 의미로 각종 약초도 불에 넣어 공양한다.

티베트 사람들의 화공의식은 화장할 때에도 적용한다. 그

예로 독댄 암잠의 다비식 광경을 들려드린다.

나는 대만에서 까루 린포체를 모시고 뉴네수행에 참석했었다. 그때에도 반드시 기도 끝에는 화공 의식과 함께 천도재를 올렸다.

의식단 주위에 음식물·향·기름·우유와 갖가지 약초 등을 쌓아놓고 사람들이 돌아가면서 한 접시씩 불 속에 집어 넣었다. 나도 활활 타는 불 속에 공양물을 붓고는 합장하고 돌아나왔다. 그때 나는 고소한 음식냄새와 함께 활활 타는 불길이 두 어깨를 짓누르던 업장과 번뇌까지도 다 태워버리는 듯한 가벼움을 느꼈다. 그 뒤에도 여러 번 화공에 참석할 때마다 이와 비슷한 신비한 감정을 체험하였다.

❋

독댄 암잠의 다비장에서 티베트 사람들은 저마다 손에 들었던 향과 흰 '카닥(티베트 사람들이 예물로 사용하는 명주천)'을 암잠의 영구에 올리고, 머리를 운구차에 대며 한 사람씩 작별하였다. 이어 쌓아놓은 장작더미 위에 영구를 올리면서 동시에 라마들은 각종 공양물을 앞에 차려놓고 기도하기 시작했다.

화공의식은 매우 진지하게 약 3시간에 걸쳐 진행되었다.

암잠 큰스님의 영구는 공양물과 함께 활활 타올라 시방에 계신 불보살님께 올려졌다.

그리고 라마들에 의해, '불보살들님께서 거룩한 공양을 받으시고 망자의 남은 업장이 완전히 다 소멸되도록 가피를 내려 달라'는 내용의 관상과 기도가 진행되었다. 그런 뒤 마지막으로 모든 공덕을 망자와 시방법계에 가득한 중생들의 성불을 위해 회향하며 다비식은 끝을 맺었다.

만다라공양

밀교에서는 모든 부처님과 보살 등 성중들이 모여 있는 곳을 만다라라고 부른다. 그래서 거룩한 성현들에게 모든 값나가고 귀한 것을 공양 올린다. 이것이 만다라공양이다.

사가행四加行(네 가지 기초수행이라는 뜻으로 오체투지·금강살타수행·만다라공양·구루요가) 가운데 세 번째 단계가 스승님과 불보살님들께 공양을 올리는 만다라공양이다.

만다라공양의 방법과 순서에 다음과 같다.

①먼지 지름이 6인치 가량 되는 청동으로 된 둥근 만다라 판板을 앞에 놓는다. 판은 마치 쟁반을 뒤집어놓은 모양인데, 그 판을 자신의 마음이라고 생각한다.

②자신의 오른팔에 지혜의 맥이 흐르고 있다고 관상하며 팔뚝으로 만다라판을 세 번 문지른다. 이는 지혜로써 깨달음을 각로막는 탐진치 삼독의 번뇌를 없애는 것을 상징한다.

③다음으로 '옴 벤자 부미 아 훔'이라는 황금의 땅을 만드는 진언을 염송하며, 물들인 쌀이나 보리 등을 만다라판에 섞어놓으면서 수미산須彌山·사대부주四大部洲·8대 소주小洲 등을 관상한다.

황금의 땅은 번뇌가 없는 순수한 지혜를 뜻한다. 쌀이나 보리는 이 법계에 있는 모든 진귀한 보배와 음식물 등의 대체물이다. 경우에 따라서는 실제로 금이나 은·진주·옥 등도 섞어 사용한다. 그러한 보배들을 시방에 계신 불보살님들께 공양물을 올린다고 관상하여 정성스럽게 놓는 것이다.

공양물 가운데는 칠정보七政寶, 곧 나라를 다스리는데 필요한 금륜金輪·현명한 황후·신하·하녀·코끼리·말·보석 등의 일곱 가지 보물과 팔길상八吉祥인 일산日傘(햇빛 가리개)·쌍어雙魚·보병·연꽃·법라法螺(고동이 왼쪽으로 돌아간 소라)·길상결吉祥結(길상한 매듭)·당幢(법당을 장엄할 때 쓰는 비단)·법륜法輪도 포함된다.

또한 여섯 명의 공양녀가 옆에서 발 씻는 물·마시는 물·

보드가야에서 등공양을 올리고 있는 라마들

꽃·향·등·향수·음식물·음악 등 여덟 가지를 올리고 있다고
관상한다. 그리고 나서 다음과 같은 내용의 기도를 올린다.

"시방의 모든 불보살님들께 공양 올리오니 자비로써 이
공양을 받으시고, 이 공덕으로 저를 비롯한 모든 생명들에
게 가피를 내려 주옵소서."

④마지막으로 정성스럽게 수놓은 만다라를 강물에 띄워
없애버린다. 이것은 연기성공緣起性空, 곧 법계의 모든 것은

연기에 의해 이루어졌고, 그 본성은 공空한 것이라는 진리를 상징한다.

만다라공양은 궁극적으로 공양을 올리는 의식과 관상의 힘을 통해 빠른 시일 내에 복덕자량을 쌓는 방편이라 할 수 있는데, 10만 번 정도 시행할 것을 강조한다.

만다라공양·수공·연공·화공…. 이 공양들은 자량을 기르기 위한 수행방편이다. 자량은 먼길을 떠나는 여행자가 준비 하는 노자돈이나 식량에 비유할 수 있다. 성불의 길을 가려면 복덕자량과 지혜자량이 구족되어야 한다.

보시·지계·인욕·정진 등을 통해 유루有漏의 복을 짓는 행위는 복덕자량을 쌓는 것이고, 수행을 통해 선정과 지혜를 닦는 것은 지혜자량을 쌓는 것이다.

다시 말해, 복덕자량을 양초에 비유한다면 지혜자량은 양초 위에 당겨진 불꽃이라 할 수 있다. 불꽃이 밝고 오랫동안 빛나려면 충분한 양의 양초가 마련돼야 하듯, 수행자가 성불을 위해 정진의 길을 가려면 오랫동안 타오를 수 있는 양초가 필요하다.

그러므로 장애 없는 수행의 길을 위해 티베트 사람들은 복덕자량을 쌓는 행위를 아주 중요하게 여긴다. 특히 보름달이 뜨는 날에 보시하고 수행하면 그 공덕이 만 배 이상

커진다 하여, 보름날은 학교와 일터를 쉬면서 선행하거나 거지 등의 가난한 사람과 어려운 이웃들에게 많은 보시행을 한다.

우리 불교에도 공양을 통해 자량을 기르는 수행방편들이 잘 정립되었으면 하는 마음 간절하다.

구루요가

제자의 마음을 정화시키고 헌신의 마음을 일으켜
스승님과 계합하고 뜻이 상응케 하는 방편수행

스승을 부처님으로 보라

티베트불교 수행의 진수는 구루요가에 있다고 해도 과언이 아니다.

구루요가란 참된 스승을 찾아서 스승과 살아 있는 관계를 맺고 진리의 가르침에 따라 사는 것이다. 즉 구루의 본성과 하나 되기 위한 수행법으로 이 수행을 통해서 스승의 깨달은 마음과 자신의 마음이 계합되는 방법을 얻게 되는 것이다.

티베트의 많은 성취자들은 현재 자신이 많은 제자들의 스승임에도 불구하고 항상 위대한 스승들의 제자로 남아 있다. 그들은 그러한 스승에 대한 온전한 헌신을 통해서 구경의 성취에 오른다.

❀

외적인 스승과 내적인 스승

구루요가는 기초 사가행 중 한 부분이지만 티베트 불교 수행의 핵심이다. 구루에 대한 진정한 신심과 헌신이 마음에서 일어나 스승의 존재가 부처의 화현이라 믿어지고, 모든 불보살님의 존재와 위신력을 한 몸에 구족하신 분이라고 저절로 마음에서 깨달아질 때, 내 자신 안에 있는 법신의 구루와 대면하게 되는 것이다. 즉 외적인 스승의 존재에 대한 신심과 헌신의 마음이 생겨났을 때, 내 안에 본래 구족한 스승의 존재가 드러나는 것이다. 소걀 린포체는 말하였다.

우리의 불성은 능동적인 측면을 가지고 있으며 언제나 우리를 가리켜 일깨우고 진리로 되돌리기 위해 애쓰고 있다. 그것은 우리의 내적인 스승의 모습으로 언제나 우리와 함께 하여 미혹에 빠지려는 순간 자신의 참된 모습과 영광스런 광명의 길로 되돌리기 위해 애쓴다.

우리가 오랫동안 수많은 삶을 통해서 진리를 염원하고 갈망해왔을 때, 우리의 업장이 충분히 정화되었을 때, 우리와 언제나 함께 있었던 내적인 스승이 어느 날 갑자기 외적인 스승의 모습으로 자신 앞에 나타나는 것이다.

그 외적인 스승은 다름 아닌 자신의 내적인 스승이 몸과 목소리를 얻어 밖으로 형체를 드러낸 것이다. 우리가 삶에서 마주치는 그 어떤 사람보다 사랑하는 스승, 인간의 형상과 목소리를 지닌 우리의 외적인 스승은 바로 우리 자신의 내적 진리의 신비가 밖으로 표출된 것이다.

✿

인도에 처음으로 배낭여행을 갔을 때 잠자는 성자, 즉
슬리핑 라마로 불리는 닝마파의 최고 성취자인 민링틴진
린포체를 찾아뵈었다. 언제쯤 구루를 만날 수 있느냐고 여
쭈었다.

'머지않아 네가 사랑하고 좋아하는 스승을 만날 것이다.
그분이 곧 너의 구루'라고 말했지만, 당시는 그 말을 잘 이
해할 수 없었다.

얼마 후 전생의 구루인 듯 느껴지는, 세속 나이로 일곱
살 된 깔루 린포체의 환생자를 만났다. 그분을 처음 만나
자 마자 마치 마법에 홀리기라도 한 것 같았다. 나의 온 영
혼이 눈물을 흘리며 기뻐하고, 모든 것을 다 바치고자 하는
헌신의 마음이 저절로 우러났다.

두 달간 린포체 법회를 오직 헌신과 환희심으로 모시고
다녔다. 그때에 무한한 가피의 힘이 내게 새로운 영적인 세
계를 체험하게 해주었다. 현재 티베트불교 수행을 할 수 있
는 여건이 주어지도록 가호하심을 체험하고 비로소 그 말
씀의 의미를 이해할 수 있었다.

티베트에서는 모든 깨달음의 근원을 스승이라고 여긴다. 스승은 부처의 화현으로서 중생들을 깨달음으로 이끌기 위해 나투신 존재이다. 인간의 얼굴을 한 절대자이며 자신이 원한다면 모든 붓다와 깨달은 존재들과 대화하도록 만들어주는 매개체이다. 모든 붓다가 지니고 있는 지혜의 결정체이며, 언제나 자신을 향한 붓다의 자비가 구체적인 형상으로 현현한 것이라고 믿는다.

부처님의 자비와 힘은 언제나 우리와 함께 있지만, 미혹 때문에 우리는 부처와 직접 만나지 못한다. 그러나 우리는 스승을 직접 만날 수 있다. 스승은 우리에게 진리의 길을 보여주기 위해 함께 살고 숨쉬고 말하고 행동한다.

스승에 대한 절대적인 헌신이 마음에서 생겨났을 때 비로소 우리는 성불의 문턱에 이른 것이다. 근대의 가장 위대한 스승이었던 딜고켄체 린포체는 말하였다.

헌신이야말로 도道의 정수이다. 만일 우리가 오직 구루만을 마음에 두고 열정적으로 헌신한다면, 무슨 일이 일어나든 그것을 스승의 축복으로 받아들이게 된다. 이렇게 계속해서 헌신하는 마음으로 수행하는 것이 바로 기도이다.

구루에 대한 헌신이 모든 생각에 스며들면, 무슨 일이 일어나든지 그가 보살피고 있으리라고 믿게 된다. 자기 자신의 일

거수일투족이 구루를 지향하게 되고 상스럽고 음흉한 모든 생각이 헌신으로 가득하게 된다. 그때 모든 것은 마치 하늘에서 매듭이 풀려나듯 저절로 그 절대적인 본성 가운데에서 풀려나게 되리라.

티베트 사람들이 늘 하는 이야기 중에 혼자 열심히 노력 정진하는 사람이 이 생에 성취를 할 수 있을지는 의심의 여지가 있으나, 구루에 대한 온전한 헌신을 내는 사람은 금생에 반드시 성취할 수 있다는 데에는 의심의 여지가 없다는 말이 있다.

"열렬한 헌신의 햇살이 스승의 눈 덮인 산 위에서 빛날 때, 축복의 물줄기가 쏟아져 내려 제자에게 영감을 불어넣어 준다"고 한다. 그러한 축복의 물줄기에는 각 파의 전승에서 수행을 성취하고 전수한 전승조사들의 가피도 포함된다.

티베트의 스승들은 자신이 살아 있는 동안 언제나 스승의 제자로서 남아 항상 스승에게 가피를 청하는 기도를 하기 때문에 그들의 머리 위에는 스승들의 전승이 황금의 염주가 되어 가피의 물줄기를 쏟아 내리는 것이라고 믿는다. 그들은 항상 자신의 스승을 정수리에 관상하고 아래와 같이 기도한다.

모든 불보살님을 한 몸에 구족하신 근본상사시여!!
신구의 삼문을 다 바쳐서 간절히 기원하옵나니
자신의 본래면목을 인지하게 하시고
금생에 성불할 수 있도록 가피하소서.

아울러 항상, "아버지시여!! 당신과 같이 될 수 있도록 가피하소서!"라고 기도한다.

그러나 구루에 대해 온전한 신심과 헌신의 마음을 일으키기란 말처럼 쉽지는 않다. 살아 숨쉬는 어느 한 존재를 부처의 존재로 인식하고 헌신의 마음을 일으키려면 그 만큼 그 사람이 정화되고 충분히 준비되어 있을 때, 구루와의 만남과 계합이 이루어질 수 있는 것이다.

진정한 헌신

진정한 헌신이란 어떤 것인가. 맹목적이고 지각없는 숭배가 아닌 경건한 마음에 뿌리를 둔 명쾌하고 지성적인 것이어야 한다. 그것은 의심의 여지없이 명백한 내적 체험에 뿌리를 둔다. 스승이 내 자신의 존재 안에 깨달음과 지혜의 마음을 체현하고 있는 존재라는 사실을 깨닫게 될 때, 터질

듯한 감사의 물결이 파도처럼 일어나 헌신이라는 말로 스승을 향해 흘러갈 것이다. 딜고켄체 린포체는 말했다.

처음에 이러한 헌신은 자연스럽거나 자발적이지 않을 수도 있다. 우리는 언제나 스승의 뛰어난 점, 특히 그의 자비롭고 자상함을 기억해야 한다. 믿음, 스승에 대한 존중, 그를 향한 헌신을 반복함으로써 그 이름이 언급되거나 생각이 떠오르기만 해도 우리의 모든 일상 행위가 멈춰질 때가 올 것이다.

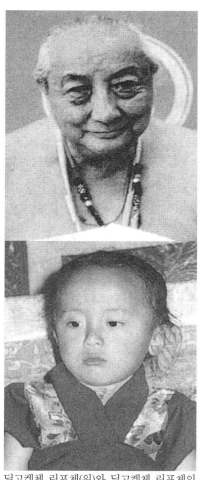

딜고켄체 린포체(위)와 딜고켄체 린포체의 환생자(3세 때 모습)

그렇게 되면 우리는 그를 부처 자체로 보게 될 것이다. 스승을 인간이 아닌 부처로 보게 되면 가장 온전한 가피를 얻게 된다.

티베트불교에서는 말한다. 스승을 부처로 대하면 부처의 축복을 얻게 되고, 스승을 인간으로 대하면 인간의 축복을 얻게 된다고. 스승을 부처로 대하면 부처의 지혜로 충만한 스승의 마음이 그대로 자신에게 흘러들어온다는 것이다. 스승에게 헌신의 마음을 낼수록 가르침을 향한 자신의 마음이 열리게 되고, 마음이 열릴수록 그 가르침이 마음과 정신을 꿰뚫어 완벽한 영적인 변화를 일으키기가 쉬워진다고 말한다.

제자의 마음을 정화시키고 헌신의 마음을 일으켜 스승님과 계합하고 뜻이 상응케하는 방편수행이 구루요가이다. 닝마파의 현존하는 성취자인 쟈달 린포체께서는 제자들에게 구루요가 만트라만 천만독씩 하도록 한다.

천주교 신자가 많은 아르헨티나에서 온 한 청년이 린포체의 제자가 되어, 구루요가 만트라를 백만독씩 열 번 해야 한다며, 두문불출 기도하는 모습이 너무 순수하고 아름다워 보였다.

따시종에서 만난 구루

어둡고 좁은 방에 쭈그리고 앉아서 한마디 한마디 윤회의
고통에 대해 세세히 일러주고 염려심을 일으켜서 마음이 법을 향해
성숙해져야 한다고 간곡하게 말할 때마다 가슴 깊은 곳에서부터
무한한 환희와 감동이 용솟음쳤다.

까규파의 성취자인 나로빠는 나란다 대학의 승정을 사임하고 구루 띨로빠를 찾아 나섰다. 떠나기 전 그는 먼저 혜루까 만트라를 칠십만번하고 나서 간절히 구루를 만날 수 있기를 염원했다. 구루를 찾아다니는 도중 많은 어려움과 강도와 거렁뱅이들에 시달리면서 몇 년을 헤매었다. 그러나 결국 구루와의 만남은 기약이 없게 되자, 자신이 얼마나 박복하고 업장이 두터운가를 한탄하면서 자살을 결심한다.

벼랑에서 몸을 강물로 던졌을 때 띨로빠가 나타나 구해준다. 나로빠가 띨로빠임을 알고 원망하니, 띨로빠는 "네가 나를 찾아나선 그 순간부터 나는 너를 잠시도 떠난 적이 없다. 다만 네가 네 아상에 가려서 나를 보지 못했을 뿐이다. 네가 도중에 만났던 거지와 강도들이 다 나의 화신이었다"고 말했다.

그 후 나로빠는 띨로빠에게서 열세 차례에 걸친 아상을 없애는 혹독한 시련을 거치고 수행을 성취하여 까규파의 주 수행법인 「나로빠 육성취법」을 남긴다. 지금도 까규파의 무문관에서는 이 수행법을 위주로 전수한다.

나는 대만에서 티베트불교에 관심을 갖기 시작하면서 우

연히 나로빠 육성취법에 대한 서적을 몇 권 발견했다. 본래부터 기공이나 무술에 관심이 많았던터라 몸과 마음을 함께 닦는 논리 정연하고 구체적인 수행법에 매력을 느꼈다.

그러나 이 수행법이 아직도 전수되고 있는지 실제로 성취자가 존재하는지 알 길이 없었다. 매일 나름대로 열심히 책도 보고 기도하면서 간절히 염원했다. 수행을 전수하는 도량과 성취자와 인연만 된다면 이 한 생을 다 바쳐서라도 수행을 해보고자 합니다라고.

나로빠 육성취법을 전수해 줄 구루를 만날 수 있으리라는 확실한 기대도 없이 티베트 임시정부가 있는 인도 다람살라로 갔다. 티베트불교 도서관에서 티베트어 연수를 하던 중 따시종에 위치한 까규파의 전통 수행도량인 캄바카 사원을 방문하게 되었다.

그곳 책임자인 도종 린포체를 통해 나로빠 육성취법을 전수하는 무문관 시설이 도량에 있고, 성취자인 독댄 암틴께서 지도한다는 말을 들었다. 나는 귀가 번쩍 뜨였다. 그 선지식을 꼭 뵙게 해달라고 청을 드렸다. 그러나 지금 무문관 수행중이라 뵙기 어려운 듯했다.

한 달 남짓 후에 이 사원에서 제일 큰 행사인 빠드마삼바와의 기도법회와 함께 라마댄싱이 열렸다. 그때 성취자인 독댄 암틴도 밖에 나와서 라마댄싱을 참관하면서, 손에는 티베트 사람들이 거의 매일 손에 들고 돌리는 만트라와 경전이 든 마니륜 통을 돌리고 있었다.

마을주민 한 명이 저분이 무문관을 지도하는 성취자이고, 지금 행사 중에 비가 오지 못하도록 진언하고 있다고 말했다. 독댄은 다른 티베트인과는 달리 유난히 피부가 희고 빛났다. 누구에게나 유쾌한 느낌을 주는 힘찬 모습은 칠십 노인이라 믿기 어려웠다.

뵙기를 청하고 처소로 만나러 갔다. 누추하고 좁은 방에 나지막한 나무의자를 놓고 두 사람과 통역 한 사람 앉으니 방 안이 가득찼다. 꾀죄죄한 런닝셔츠를 입고 흰 치마를 걸친 암틴의 첫 모습은 우리 시골집 할아버지 같았다. 밖에서 가사에 법복을 다 갖춘 여법한 모습과는 좀 거리가 있었다.

나는 이곳에 오게 된 자초지종을 설명하고, 나로빠 육성취법에 대해 아무 것도 모르지만 수행하기를 원한다고 말했다. '의외로 수월하게 법에 이르는 차제次第(수행의 순서)가 있는데, 먼저 네 가지 기초수행을 십만번씩 다 마치고 본존관정을 거쳐서 무문관을 하고 나면 나로육법을 줄 수 있다'고 말했다. 아직도 업장이 두터운 나는, 법을 줄 수 있고 그 예비단계에 대해 들었지만, 왠지 좀 싱겁게 느껴졌다. 티베트의 성취자라면 좀 더 신비롭고 평범한 인간을 초월한 어떤 비범함이 있어야 할 것 같았다.

그래서 기초수행에 대한 법을 청하기를 차일피일 미루고, 다른 사원에 더 좋은 환경과 선지식이 있는지 찾아다녔다. 마침 한 시간 남짓한 세랍링 마을에 무문관 시설이 있는 다른 까규파 사원에서 비구니들을 위해 나로육법을 전수하고 있다고 들었다. 그곳에서 티베트 비구니들에게 무문관을 지도하는 밍규르 린포체를 찾아뵈었다. 밍규르 린포체는 이제 겨우 스물한 살인데, 나이와는 달리 태산같이 묵중하고, 말씀 하실 때는 강물처럼 부드럽고 자상했다.

그야말로 비범한 환생자요, 연꽃 속에 보석같이 빛나는 모습이었다. 나는 생각할 것도 없이 이곳으로 옮겨와 수행하고 싶다고 말했다. 린포체는 캄바카 사원에는 아주 훌륭하고 보배로운 독댄 성취자들이 있으니 그곳에서 수행하기를 권했다.

나는 막무가내로 이곳에서 린포체를 모시고 수행하고 싶다며 받아주기를 청했더니, 린포체는 더 이상 말리지 않았다. 이곳에서 수행할 수 있는 외국인을 위한 집 한 채를 예약해 놓고 가벼운 마음으로 따시종으로 돌아왔다.

집은 불타고

집에 가는 길 산 어귀에 이르렀더니, 이웃집에 사는 외국인 여자가 무덤에서 금방 일어난 듯한 창백한 얼굴로 나를 기다리고 있었다. 그녀는, 당신에게 아주 나쁜 소식을 전해야 한다면서, 내가 거주하던 집이 불에 다 타버렸다고 말했다. 나는 순간 멍해졌다. 아침까지 멀쩡하던 집이 몇 시간 나갔다 온 사이에 다 타버리다니… 믿어지지 않는 마음으로 집으로 향했다.

집앞에 많은 인도 사람들과 몇 명의 라마들이 타다 남은 물건들을 쌓아놓고 웅성거리고 있었다. 너무나 어처구니 없었다. 함께 외출했던 도반스님은 돈지갑부터 찾았다. 이삼 년간 공부하러 준비해온 전재산을 방 안에 두고 나갔던 것이다. 백 불짜리 육십여 장을 넣었던 전대는 다 타버리고 허리끈 부분만 약간 남았다. 물건을 넣어둔 이십여 개 가방과 히말라야 트레킹을 위해 준비한 오리털 파카와 슬리핑백·등산화 등은 불에 타다가 남은 찌꺼기만 있었다.

불을 꺼준 마을사람들에게 사례하고 돌려보내니 도반스님과 나만 남았다. 우리는 우선 옆에 있는, 겨우 한 사람 살 수 있는 작은 토굴로 짐만 옮겼다.

밤이 되어 잠자리에 들려 했지만, 이불도 다 타버리고 없

었다. 서글프고 처량한 마음에 말문이 막혔다. 얼마나 두터
운 업장이 있길래 이역만리 낯선 인도 땅까지 와서 남의 집
까지 다 태워먹는단 말인가! 따시종 마을에서 이렇게 큰 화
재는 아직까지 없었다고 한다.

내가 빌린 집은, 아르헨티나 사람이 겨울철에 수행하기 위
해서 지어놓은 집으로, 여름에는 비어 있어 잠시 빌린 것인
데, 불에 타 훼손되었으니 고쳐주어야 했다.

때마침 라마가 슬리핑백과 담요 하나를 들고 왔다. 영국
비구니 스님이 티셔츠 두 개를 갖다 주었다. 잠을 청하고
누웠으나 불이 활활 타는 영상이 눈앞에 보여 도무지 잠을
이룰 수 없었다. 만감이 교차하고 많은 생각들이 뇌리를 어
지럽혔다. 부처님께서 제행이 무상하다 하셨던가! 아침까지
멀쩡했고 많은 인도와 티베트 사람들이 부러워하던 좋은
물건들이 순식간에 잿더미로 변하고, 지금은 이불 하나 헌
옷가지를 얻어 입어야 하는 신세가 되다니….

먼저 남의 집을 태웠으니 수리를 해야 했다. 세랍링으로
거처를 옮기는 계획을 미루고 화재 뒷수습을 하는 수밖에
딴 도리가 없었다.

밤새 뜬눈으로 새우고 아침에 독댄 암틴을 찾아뵈었다.
내게 남아있던 이천오백불 중 이천 불을 봉투에 넣어 올리

고 말씀드렸다.

"제가 업장이 두터워 법을 구하러 왔다 불만 냈습니다. 그러나 그 잿더미를 보고 모든 것이 무상함을 실감했습니다. 그리고 더 이상 방황하고 분별해서는 안 된다는 것을 깨달았습니다. 만약 제가 업장이 두텁고 근기가 약해서 법을 받기 어렵다면, 더 많은 공양을 준비해 올리고 참회기도를 하고자 하오니, 빠른 시일 내에 수행의 길에 들어서도록 인도해 주십시오."

암틴 노장님께서 만면에 자상한 미소를 띠우시며 '너희가 이미 화공火供으로써 많은 공양물을 불속에 태워 올렸으니 그보다 많은 공양이 어찌 필요하겠느냐' 하며 다음날부터 법을 주겠다고 하였다.

수행을 시작하다

다음날부터 불에 탄 집을 티베트 사람들의 도움으로 보수하는 한편 구루 암틴에게 기초수행의 가르침을 받았다.

구루는 어둡고 좁은 방에 쭈그리고 앉아서 한마디 한마디 윤회의 고통에 대해 세세히 일러주고, '염리심을 일으켜서 마음이 법을 향해 성숙해져야 한다'고 간곡하게 말할 때마다 가슴 깊은 곳에서부터 무한한 환희와 감동이 용솟음쳤다.

인도의 오월은 그야말로 숨조차 쉬기 어려울 정도로 더웠다. 게다가 따시종은 물이 부족해 몸 안 수분 부족으로 생기는 풍토병으로 많은 사람들이 오줌소태에 걸린다. 무더운 인도에서의 첫 여름을 구루 암틴의 좁은 방에서 가르침을 받으면서 보냈다. 비록 풍토병과 탈수로 고생했지만 오체투지 십만 번을 환희심과 간절함으로 마칠 수 있었다.

그 사이에 육 개월만 돌아보고 대만으로 돌아가려 했던 마음이 어느 새 사라졌다. 방황하고 헐떡이는 마음을 쉬고 내생을 위해 이생을 포기하고 수행만을 위해 매진하기로 마음이 굳어져 갔다.

어느 날 구루의 좁은 방에서 대만에서 온 제자 두 사람과 놀이가 벌어졌다. 그것은 『밀라래빠 십만송』이란 책을 제자가 마음대로 펼치면 스승이 읽어주면서 인연도 보고 때에 맞는 법문도 해주는 놀이였다. 때마침 내가 들어가니 나에게도 책을 주며 펼쳐 보라 했다. 책을 임의로 펼쳐서 스승에게 드리니 구루와 통역자인 라마가 박장대소하며 너무도 딱 맞는 구절이라며 즐거워했다. 나는 영문을 몰라 통역을 청하니 그 대목은 밀라래빠와 두 번째 수제자인 레충바에 얽힌 고사였다.

❀

레충바는 스승 밀라래빠를 떠나 인도로 법을 구하러 떠났다. 인도에서 많은 스승들을 만나 논리학 등의 학문을 익히고 서적들을 구해 돌아왔다.

레충바는 스승인 밀라래빠는 무식한데 자신이 더욱 박식해진 것을 은근히 속으로 자만하고 있었다. 어느 날 물을 길러 오는데 종이 타는 냄새가 났다. 아마 스승님께서 공양을 짓고 있나 생각하고 들어가니 밀라래빠는 레충바가 인도에서 가져온 서적들을 다 태우고 있었다. 레충바가 미친 듯이 분노해 항의하자, 밀라래빠는 너무나 가벼운 마음으로 웃으면서, 이 책들을 다 보려면 네가 죽을 때까지 보아야 한다. 그래서 나는 네가 죽었다 생각하고, 너를 위해 책들을 태우는 것이다 하였다. 그리고 헐떡이는 레충바의 마음을 쉬게 해주기 위해서 많은 신통력을 보이는 대목이었다.

그 내용과 내게 일어난 화재가 같은 상황이라며 너무 즐거워했다. 나는 불이 난 덕분에 헐떡이는 마음을 쉬고, 법으로 마음이 향하게 되어 너무 감사하고 행복하다고 말했다. 내 이야기를 들은 스승은 나를 똑바로 바라보면서 정색

하고 '한 번 더 태울까?' 하고 물었다. 순간 나는 멍해졌다. 그렇다면 그 화재는 우연이 아니었단 말인가! 어쩌면 그 사건은 스승이 나를 법으로 인도하고자 자비로 내린 가장 큰 가피일지도 모른다는 어처구니없는 신심을 갖게 되었다. 구루는 '좋은 일이든 나쁜 일이든 다 스승이 나를 성불의 길로 인도하기 위한 가피라고 생각해야 한다'고 항상 말했다.

따시종에 찾아오는 다른 나라의 외국인들이 가끔 부러운 눈으로 내게 묻곤 한다. 외국인으로서 어떻게 그렇게 빠른 시간 내에 티베트불교 수행에 깊이 들어 올 수 있었느냐고…. 나는 웃으면서 대답한다. 로케트나 원자탄이 빨리 멀리 날 수 있는 것은 꽁무니에 불이 붙었기 때문이라고….

구루는 수호본존

티베트불교에서 구루의 존재는 그 제자에게는 가피의 근본인 부처요, 가장 자애로운 의지처인 아버지이며, 모든 번뇌와 장애를 없애고 성취를 내리는 수호본존이며, 고통과 슬픔을 어루만져 주는 어머니와 같은 존재이다.

현장 스님의 『염불선 이야기』에서 이런 글을 보았다.

고향을 생각하고 어머니를 생각할 때 인간은 안온함을 느끼듯이, 그러한 자연의 품에 안길 때 평안함을 얻게 된다. 번뇌의 인간이 침묵의 대자연 속에서 평안을 느끼듯이 내면의 공성을 체험하고 침묵의 공간을 간직한 선지식의 존재는 우리를 근원적인 평안으로 인도한다. 그래서 청정승보는 번뇌와 죄업으로 오염된 중생들에게 최상의 복전이요, 으뜸가는 보배라고 부르는 것이다. 침묵의 공간을 성취한 선지식은 끝없는 자비의 파동으로 중생의 번뇌를 흡수하는 자석과 같은 역할을 해주기 때문이다.

내면의 공성을 체득하여 태양과 같은 자비와 지혜광명을 구족한 구루는, 끝없는 자비와 방편으로 제자의 번뇌를 정화하여 깨달음에 이르도록 이끌어 준다. 그런 구루를 만났을 때 제자는 다만 신심으로 고무되어 수행만 하면 되는 것이다. 소걀 린포체는 말했다.

스승을 만나기란 그리 어렵지 않을지도 모른다. 그러나 스승을 참으로 믿고 따르기란 결코 쉬운 일이 아니다. 가르침 또는 스승이 아무리 위대하더라도 본질적인 것은 자기 자신 안에서 통찰력을 발견하고, 그 가르침과 스승을 진정으로 존중하고 따르는 방법을 배우는 일이다. 어떠한 어려움과 좌절, 모순과 결함에 직면하더라도 굴복하지 말고, 자기 자신의 유치한 감정에 속지 말고, 자신의 선택을 위해 그 길을 끝까지 따르는 인내, 지혜, 용기, 겸양을 길러야 한다. 더더구나 조급하게 굴어 진리와 멀어져서도 안된다. 빨리 가고자 하다가 도달하지 못하는 사람들이 흔히 있다.

티베트에서는 물론 역대의 불교선종사 기록에 남은 많은 성취자들이 오랜 시간 동안 스승 곁에서 헌신의 마음으로 시봉했음을 상기할 필요가 있다. 인도의 위대한 스승 사라하는 말했다.

마음속에 스승의 말씀이 들어 간 사람은
손 안에 보물처럼 진리를 보리라.

다 양 한

밀교수행법

●티베트불교 상식

밀교수행은 근기에 따라서 크게 네 부파로 분류된다.

①짜리야 탄트라	②끄리야 탄트라
사부事部라고 한역漢譯된다. 이 수행은 주로 외적인 의식을 중요시하는 수행자를 위해 설해졌다.	행부行部라고 한역된다. 주로 외적인 의식과 함께 내적인 선정수행을 동등하게 중요시하는 근기의 수행자를 위해 설해졌다.

쌍신상

티베트불교를 처음 접하는 많은 사람들이 남녀가 교합하는 쌍신상을 보고, 음란한 성행위나 하는 사교邪敎로 여기거나 쾌락주의적 종교로 오해하는 일이 종종 있다. 티베트불교에서 보여지는 불상들의 여러 모습과 장엄물은, 부처님의 완전한 경지를 상징적

③요가 탄트라	④아뇩다라요가 탄트라
요가부瑜伽部라고 한역된다. 외적인 의식과 내적인 선정 중에서 내적인 선정을 닦는 것을 중요시하며, 외적인 의식 수행은 최소한으로 줄인다.	무상요가부無上瑜伽部로 한역된다. 외적인 의식은 전혀 수행하지 않고 오직 무상요가만을 수행하는 것으로, '이보다 더 높은 수행이 없다' 하여 무상요가부라 부른다. 이 부파에서는 무상요가부의 이론과 밀접한 관련 있는 모습으로 남녀 교합상인 부모불父母佛, 곧 쌍신雙身의 모습을 한 불상을 많이 모신다.

으로 가시화하고 있다. 남녀의 교합상인 부모불은 모든 번뇌를 조복받고 일체종지를 성취해 자비와 방편, 지혜와 공성이 하나가 된 공락불이空樂不二의 온전한 존재임을 묘사하고 있다.

다시 말해 방편과 자비를 남성으로, 지혜와 공성을 여성으로 표상화시켜 궁극적인 깨달음의 경지를 표현한 것이며, 번뇌를 기초로

하는 성적인 쾌락과는 완전히 차원이 다르다.

자비존과 분노존

티베트불교가 다른 불교와 다른 점 하나는 다른 불교가 자비로운 부처님의 상만을 모시는데 비해, 티베트불교에서는 대부분의 불보살들이 자비존慈悲尊과 분노존忿怒尊의 두 가지 모습을 나툰다는 것이다.

그것은 어머니가 아들을 사랑하고 가르칠 때 자애로운 사랑으로 대할 때도 있고, 회초리를 들고 엄하게 질책하는 모습을 보이는 것과 같은 이치이다. 곧 불보살들은 중생을 성불시키기 위한 대자대비한 마음으로, 나쁜 습기와 불법에 장애가 되는 마장을 없애기 위해 분노하는 무서운 형상을 보이기도 한다는 것이다.

이마에 있는 다섯 해골은 번뇌를 정화하여 법계체성지法界體性智·대원경지大圓境智·평등성지平等性智·묘관찰지妙觀察智·성소작지成所作智 등 다섯 가지 지혜를 구족함을 상징한다.

그리고 여러 개의 팔은 육바라밀 내지 삼십칠조도품三十七助道品을 상징하며, 세 얼굴은 법신法身·보신報身·화신化身의 삼신을 구족했음을, 세 눈은 시방을 두루 살핌을, 발 아래

밟고 있는 마구니는 번뇌의 마, 죽음의 마, 오온의 마, 천마
天魔의 외도의 마구니를 다 조복받았음을 상징한다.

관세음보살은 온몸이 검은 '마하카라'를, 문수보살은 '야만
타카'를, 대세지보살은 '금강수'라는 분노존을 종종 나투신
다고 한다.

풀바금강이라는 분노본존은 하체가 송곳처럼 뾰족하게
생긴 풀바금강저로 이루어져 있는데, 그 금강저가 누워있는
사람의 가슴에 꽂혀 있다. 보기에 무척 잔혹한 형상이지만
그것은 아상을 죽여서 가슴차크라를 연다는 의미를 상징
적으로 나타낸다.

생기차제와 원만차제

중생과 부처가 둘인 상대적인 경계를 인정하지 않고
일체 유정이 다 본래 부처라는 지견으로 수행한다.

티베트불교 수행은 크게 생기차제와 원만차제 두 단계로 구분짓고 있다. 이 두 차제는 모두 깨달음의 지혜를 얻기 위한 방편이다. 생기차제에서는 본존불 수행의 관상과 진언을 통해서 깨달음을 성취할 수 있는 인因을 심게 하고 원만차제에서는 스승의 가르침을 통해 그 자리에서 직지인심 견성성불하게 해주는 법이다.

원만차제에서는 중생과 부처가 둘인 상대적인 경계를 인정하지 않고, 일체 유정이 다 본래부처라는 지견으로 수행하는 것이다.

방편을 빌리지 않고 본연의 절대적 진리로 직접 들어가는 것이다. 근기가 아주 수승한 사람은 생기차제 수행을 할 필요없이 직접 원만차제 수행을 한다. 그러나 대부분 사람들이 생기차제 수행을 통해 업장을 정화하고 불보살님을 관상함으로써 부처의 본래 면목을 회복하게 된다고 티베트의 스승들은 가르친다. 그래서 대부분의 티베트 사람들은 자신과 특히 상응하는 본존불을 정해 관상하고 진언을 염송한다.

티베트불교에는 각 파마다 고유한 전승을 가진 수행들이 많다. 그러나 공통적이고 보편적인 수행이 본존을 관하는 본존수행, 즉 본존요가이다.

시방에 본래 계시는 불보살님을 본존불인 지혜존으로 모시고 자신의 몸을 수행의 대상으로 정한 불보살님과 똑같은 모습을 관상하는 것을 삼마야존, 혹은 계율존(계율의 대상인 부처님)이라 부른다.

자신인 삼마야존을 선명히 관상해 본존 만트라를 모시고, 자신이 진실로 본존불과 똑같은 부처라는 자만심과 신심이 확고해졌을 때, 지혜존인 본존불과 상응할 수 있고 그 가피를 잘 받아들일 수 있게 된다.

지혜존과 삼마야존이 잘 상응하여 가피가 충만해졌을 때, 자타가 둘이 아닌 불이不二의 공성 상태에 들어가는데, 이를 원만차제 단계라 한다. 이를테면 한 가지 수행 안에 생기차제 원만차제가 다 포함되어 있다. 다만 원만차제 수행만을 할 때는 성성적적한 광명의 상태로 생기차제를 대신한다.

원만차제수행을 대표하는 법으로 '마하무드라'라 불리는 까규파의 대수인大手印수행과 '마하무디'라 불리는 닝마파의 대원만수행을 들 수 있다.

두 수행은 모두 지관止觀의 수행을 포함하며, 한국의 간화

선 수행과 흡사한 면도 많다. 그러나 티베트불교에서 원만 차제수행은 스승이 직접 제자에게 자성의 본모습을 보게 해주고 가르쳐주어야 한다고 말한다. 제자가 근기가 익지 않았을 때에는 스승이 많은 방편을 빌려서 제자에게 자성의 본모습을 인지할 수 있도록 자상하게 이끌어 준다.

늑네수행

청정한 마음으로 늑네수행에 열두 차례 참석할 수 있다면
초지初地인 환희지歡喜地의 보살지위에 오를 수 있다

티베트불교 수행 중에 어떤 수행이 가장 실질적이고 효과적이냐고 묻는다면, 내가 경험한 뉴네수행을 제일 먼저 소개하고 싶다.

티베트어로 '뉴네'란 뉴메샘, 즉 '불성자리에 안주한다'는 뜻으로, 평소에 번뇌와 상응相應(주관·객관의 모든 사물이 서로 응하여 융합하는 일)하던 신구의 삼문三門을 거두어들여서 본래의 청정무구한 자성자리인 깨달음의 상태와 상응하게 한다는 의미이다.

티베트사원에서는 새해를 맞이한 정월대보름을 기점으로 이 수행을 세 차례한다. 한 차례에 이박삼일간 먼저 팔관재계八關齋戒를 받고 절에서 숙식을 함께 하면서, 오후에 음식을 먹지 않고 여덟 가지 계율을 청정히 지키면서 절하고 만트라 하는 외에 일체 잡담과 세간의 잡일을 하지 않는다.

첫날, 점심을 먹고 나서 저녁에 우유 등 마실 것을 준다. 그 뒤부터 다음날 아침까지 일체 음식은 물론 물도 입에 대지 않고, 묵언하면서 대중이 함께 기도를 한다. 기도 내용은 천수천안관세음기도로 신묘장구대다라니와 옴마니반메

홈 만트라를 위주로 하는데, 특히 천수관음을 찬탄하면서 전신 오체투지하는 내용이 많다.

서른여섯 시간 동안 밥도 물도 마시고 않고 대중이 함께 계속 오체투지를 한다. 위장은 비어서 열이 나고 입은 무척 마르다. 마지막날 밤 대부분의 사람들 입술은 새까맣게 타고 혈색이 창백해지지만, 묵언수행중이므로 절대로 말을 해서는 안 된다.

만약 누군가 견디기 어렵다고 하소연이라도 한다면 대부분 견디지 못할 것이다. 다행히 말할 수 없음으로 묵묵히 참고 견디는 수밖에 없다.

정초에 많은 티베트사람들은 라마들과 함께 이 수행에 동참한다. 청정한 마음으로 뉵네수행에 열두 차례 참석할 수 있다면, 초지初地인 환희지의 보살지위에 오를 수 있다고 믿는다. 그래서 연달아 세 차례 다 참석하는 사람들도 더러 있는데, 대부분은 가족이 번갈아가며 교대로 참석한다.

가피받은 이야기

나는 대만에서 1992년 겨울에 죽첸 린포체가 주관하는 뉵네수행에 처음 참석했다. 그때는 뉵네의 의미도 모르고 누군가 삼악도에 과보를 앞땅겨 받는 고통스런 수행이라는 말을 듣고 보현보살도 허공을 덮고도 남을 업장이 있다 했는데, 내가 그동안 알게 모르게 지은 업장이 좀 많겠나 싶어서 약간은 호기심을 갖고 참석했다.

둑빠까규파의 최고 수장인 법왕이라 불리는 린포체께서 직접 이끄는 기도는 엄중하고 가피가 충만한 듯했다. 마지막날 밤이 되니 모두들 입술부위가 새까맣게 되고 얼굴은 창백해 탈진상태였다.

회향하는 날 새벽 두 시에 일어나서 기도를 세 시간 동안하고, 금식과 묵언을 트는 의미로 감로수를 받아 마신다. 그때 그 한 방울의 감로수가 얼마나 달고 감사하던지… 마지막날 밤 나는 온몸에 기운은 하나도 없는데 머리는 너무 맑아서 거의 잠이 오지 않았다.

비몽사몽간에 누군가 삼악도의 과보가 눈앞에 펼쳐질 것이라 했다. 순간 세계지도가 눈앞에 펼쳐지더니 우리나라 지도와 함께 아비지옥이라는 글씨가 나타나고, 잠시 후 나의 속가 아버님이 나타났다. 깜짝 놀라 자세히 보려 하니 정경이 홀연히 사라져 버렸다. 꿈에서 깨어나니 갑자기 집안 부모님 소식이 궁금하면서 불안해졌다.

기도를 마치고 처소로 돌아와 한국으로 전화를 몇 차례

했으나 속가에서는 아무도 전화를 받지 않았다. 그래서 가까운 친척집에 전화했더니, 어떻게 알고 전화를 했느냐며 처사님이 이틀 전 밤중에 귀가하다 공사 중인 맨홀에 빠져서 얼굴에 심한 상처가 나서 입원 중이라 했다.

티베트불교에서 중음 상태에서 어두운 구덩이로 빠지는 느낌이 들면 지옥으로 떨어지는 것이라 했다. 그렇다면 우리 아버님이 아비지옥에 가실 뻔한 것이 아닌가 하는 생각이 뇌리를 스쳤다. 왜냐하면 평소에도 술을 많이 드시던 아버님은 내가 집안에 맏딸로써 도움이 되기는커녕 승려가 되자, 자포자기하여 거의 매일 술을 마셔 가족들을 괴롭히고 삼보를 비방했다.

나의 출가로 가족들이 고통속에서 불행한 나날을 보내고 아버님이 악업을 끊임없이 짓는 것이 너무도 안타까웠으나 별다른 대책이 없었다. 나는 친척의 도움으로 어머님과 통화할 수 있었다. 뉴네기도에 참석한 내용과 함께 아버님이 지옥에 갈 뻔한 것을 내가 기도에 참석한 공덕으로 돌아가시지 않고 그만한 것이니, 죽은 후에 사십구재 잘 지내는 것보다 지금 아버님을 위해 기도하는 것이 효과 있을 것이라고 말했다. 평소에도 불심이 깊은 어머님은 곧 통장으로 오십만 원을 보내주셨다.

오십만 원을 비자카드로 인출한 나는, 네 시간 동안 버스를 타고 남부지방에 계신 죽첸 린포체를 찾아뵈었다.

뉵네수행하는 동안에 가족에게 생긴 일을 말씀드리고 아직도 병원에 입원중인 아버님께서 지옥에 갈 과보를 면하고 이 생에 업장이 녹아서 불심이 생겨나도록 가피를 달라고 말씀드렸다. 린포체는 별다른 기도를 하라는 말도 없이 자신이 알아서 한다고 말했다. 별로 신심이 없는 내 표정을 보더니 웃으며 가방에서 매듭을 지어놓은 끈을 꺼냈다. 후후 입김을 몇 번 불어넣더니 아버님께 보내드리라고 하였다.

미심쩍은 마음으로 아버님을 위해 아미타불상 조성과 사리탑 공양, 인등 공양 등을 올리고 타이페이 숙소로 밤차를 타고 돌아왔다.

숙소에 도착하자마자 피곤에 지쳐 잠깐 사이에 잠이 들었다. 꿈에 너무도 생생하게 나는 한국의 속가로 가는 길에 있었다. 길목에서 아버님이 너무도 환한 미소로 나를 반겼다. 고지식한 시골 농부인 아버님은 내가 딸이라는 이유 하나만으로, 평소에 나에게 거의 밝은 표정을 보이지 않았다. 그래서 나는 중학교 삼학년 때까지도 혹시 친아버지가 아닌가 하고 의심을 일으키곤 했다. 그런 분이 꿈속에서 너무도 밝은 미소로 나를 반기며 무슨 일로 왔냐고 물었다. 아

버님이 입원했다는 소식에 걱정되어 왔다고 했더니, 상처가
아문 듯한 얼굴에 난 갈색흉터를 보여주면서, 다 나았으니
걱정 말고 대만으로 돌아가서 본인 공부나 열심히 하라고
오히려 격려를 했다.

아버님은 평소에 술을 좋아하고 농사일 하시느라 얼굴빛
이 검고 붉은색이었는데, 꿈에서는 갈색이 된 상처부위를
제외하고는 얼굴이 희고 빛나는 모습이었다. 어머니를 뵙고
가야겠다고 했더니, 어머니도 건강하고 편안하니 걱정 말고
공부나 열심히 하라고 해서 그냥 대만으로 돌아오다가 꿈
에서 깨어났다. 꿈이 너무 생생해 속가로 전화했더니 수술
결과가 좋아서 퇴원하기로 했다고 하였다.

그 이후로 뇨네수행에 몇 번 더 참석했다. 그때마다 가족
들이 가피를 입고 원수진 이들과의 매듭이 풀리는 좋은 징
조들이 있었다. 감사하게도 그 이후로 아버님은 내가 스님
이라는 것을 자랑스럽게 친척들과 이웃에게 말하였다. 집에
조그마한 불단을 마련해 향과 다기물도 올리고 삼배도 드
렸다. 공양 전에는 반드시 합장하고 '나무아미타불'을 10번
한 후에 드셨다. 진화링사원은 타이페이의 외곽 산속에 위
치한 깔루린포체 수행처이다. 이곳에서는 매달 뇨네수행을
정기적으로 진행하였다. 시골 대가족에 맏이로 태어난 나

는 출가한 이후로 경제적인 빈곤에 힘들어 하시는 부모님을 한 번도 도와드리지 못한 것이 항상 마음에 걸렸다. 진화링에서 뉴네수행을 하던 어느 날 꿈에 어머님이 좋은 옷을 입고 소방호수로 청소를 하고 있었다. 벽체에 물을 뿌리니 흙먼지가 씻겨내려가면서 희고 깨끗한 벽이 드러났다. 벽체에 물을 뿌리니 흙먼지가 씻겨내려가면서 희고 깨끗한 벽이 드러났다. 그리고는 소방호수에서 콸콸 나오는 물을 빈그릇마다 채우는 모습이 보였다. 실제로 속가집 근처 평택역에 애경백화점이 들어서고 아래층에는 2개의 가게를 내어 집세를 받을 수 있게 지어졌다. 그 후 속가집은 경제적인 빈궁함에서 벗어나 여유로운 생활로 모든 가족들이 내가 스님이 된 덕분에 모두 부자가 되었다며 부처님법에 더욱 신심을 내었다. 나는 이 모든 것들이 뉴네수행의 가피라고 믿는다.

✿

함께 뉴네수행에 참석한 서른 살쯤 되어 보이는 유난히 얼굴이 해맑은 대만 청년이 있었다. 그는 한 달에 한번 도량에서 진행된 이 수행에 스무 차례나 참석을 했다.

의사에게 백혈병이라는 사형선고를 받은 그는 친구의 소

개로 이 수행에 참석했는데, 수행을 마친 후 받은 병원 검
사에서 백혈구 숫자가 정상이라는 결과를 받았다.

그 이후로 신심이 나서 몇 번 더 참석하고 건강이 다시
정상으로 회복되었다. 그래서 이만하면 죽을 염려는 없겠
다 싶어서 참석을 안했더니 다시 백혈구 숫자에 이상이 생
기더라는 것이다. 지금도 여전히 한 달에 한 차례씩 꼭 뉴
네수행에 동참하면서 대중에게 뉴네수행의 수승함을 증명
했다.

우리나라 불교에서도 신라와 고려시대에는 팔관재계를 즐
겨 닦았다. 티베트의 뉴네수행처럼 우리나라도 팔관재계를
다시 불활해 그 기간 동안 용맹심으로 기도를 한다면 가피
가 무한할 것이라는 생각에, 감히 수승한 행법의 부활을 기
대해 본다.

나로빠 육성취법

정광명의 수행을 통해 무명의 어둠을 밝히고 천식법을 통해 의식의 천이를 자유자재로 할 수 있는 힘을 얻고 대수인을 통해 본래의 자성광명을 인지하는 수행법이다.

기맥명점氣脈明點 수행은 원만차제 수행의 하나이다. 이 수행의 목적은 중맥을 열어서, 좌우맥으로 흐르는 분별의 기를 정화하여 중맥으로 들어가게 함으로써 지혜의 기로 바뀌게 하는 데에 있다. 단전에 있는 배꼽불을 일깨워서 그 불의 힘으로 중맥을 여는 뚬모수행과, 직접 가슴차크라를 열어서 상대적 개념을 정화하는 금강염송의 두 수행이 기맥성취수행의 주류를 이룬다.

달라이라마 계통인 겔룩파(황교黃敎)의 창시자 쫑카파 대사는 금강염송 수행의 성취자로 알려져 있다. 밀라래빠는 뚬모수행의 성취자로 히말라야 설산에서 무명옷만 걸치고, 때로는 벌거벗은 몸으로 일생을 살았다.

밀라래빠의 해와 같은 제자로 불리는 감뽀빠는 까규파 수행을 체계화한 성취자이다. 그가 처음 스승인 밀라래빠를 찾아뵙고 자신의 수행을 말할 때, 자신이 경율론 삼장을 두루 섭렵하고 선정을 닦았는데 십삼일간 깊은 선정에 들 수 있는 힘을 얻었다고 말했다. 그때에 밀라래빠는 보릿가루를 버터와 뜨거운 차를 섞어 먹으려고 주무르고 있었

나로빠

다. 뭉친 보릿가루를 들어 보이면서, "네가 그 동안 해 온 수행은 이 짬바(보릿가루)만도 못하다. 나에게 뚬모를 배워라"라고 말했다.

뚬모수행

뚬모란 우리 몸 안에 있는 신비의 열을 단전에서 일으켜, 그 열을 이용해 몸을 정화하고, 몸 안의 기맥氣脈과 각 차크라를 다 열어서 상대적 사유를 정화해 절대적 경지로 들어가게 하는 수행이다.

산만하게 온몸으로 흐르는 분별망상의 기를 중맥 안으로 끌어들여서 중맥에서 안주하게 하고 기를 융화함으로써 정수리에 있는 감로를 녹아내리게 하여 구생의 희열을 증득하고, 지복至福과 공성空性이 하나가 되는 공락불이空樂不二의 완전한 경계를 성취하는 데에 있다. 이러한 기맥성취 수행은 주로 호흡법을 통해 수행하며 육체적인 요가도 곁들인다.

뚬모의 열은 반드시 단전에서 일어나 중맥 안에서만 움직여야, 기를 중맥에서 안주하고 녹아들게 하여 구경의 목적을 성취할 수 있다.

만약 급한 마음에 조급히 수행하여 중맥 안이 아닌 신체

의 다른 부분에서 열이 느껴지면 오히려 진정한 뚬모의 열
이 일어나는 데에 장애가 된다고 한다. 그래서 반드시 차분
하고 안정된 태도로 천천히 수행해야 하는데, 티베트의 위
대한 성취자들은 대부분 4~5년 내지 일생동안 수행해 이를
성취했다고 전해진다.

현재 많은 티베트사원에 있는 무문관 시설에서는 대부분
이 뚬모수행을 위주로 한 나로빠 육성취법을 가르친다.

나로빠 육성취법이란 인도의 성취자 나로빠에 의해 체계
화된 수행법으로 뚬모수행을 근간으로 환신幻身을 성취하고
꿈수행을 통해 법신·보신·화신을 성취한다. 정광명正光明의
수행을 통해 무명의 어둠을 밝히고, 천식법遷識法을 통해 의
식의 천이를 자유자재로 할 수 있는 힘을 얻고 대수인을 통
해 본래의 자성광명을 인지하는 수행법이다. 이 모든 수행
의 모태를 뚬모, 즉 배꼽불 수행에 두고 있다.

환신성취

그 중에서 환신성취란 뚬모수행이 안정되면 기가 미세해
져서 거친 육신이 아닌 미세한 기로 이루어진 환신이 생겨
난다.

선정상태에서 생겨난 의생신意生身과도 흡사한 이 환신을 증득함으로써, 천강에 달 그림자가 다 비추듯이 중생들의 필요에 따라 천백억 화신을 나툴 수 있게 된다. 부처님께서 경전에서 삼대 아승지겁을 통해 복덕자량을 쌓아야 성불할 수 있다고 말했다.

이 환신을 성취하여 천백억 화신으로 중생들의 수요에 응할 수 있으므로, 한 생에 삼아승지겁동안 쌓을 수 있는 복덕자량을 구족할 수 있게 된다. 밀교에서 한 생에 성불할 수 있다고 하는 이유가 여기에 있다.

밀라래빠 전기에 보면 밀라래빠가 설산에서 고행할 때 스승인 마루빠를 간절히 염원하면 마루빠가 현신하여 가르침을 내리는 대목이 가끔 있다. 실제로 역대 티베트 조사들의 전기에서 이런 유형의 일화는 자주 접할 수 있다.

현재에도 많은 제자들이 스승들의 이러한 현신을 많이 체험한다고 한다. 이것은 현재에도 뚬모수행을 성취한 성취자들이 존재하며 실제로 환신이나 분신을 통해서 제자들을 가르치고 있음을 말해준다.

정광명수행

정광명수행正光明修行이란 낮에 무명의 장애, 깊은 잠의 어둠의 장애, 꿈의 장애 등이 다 정화되어 항상 무명의 어둠이 없는 자성광명 가운데 있을 수 있도록 광명상태를 인지하고 수련하는 수행이다. 이 수행도 뚬모로 완전히 힘을 얻고 나서 꿈의 습기까지 다 정화하기 위해 상당히 수행에 힘을 얻은 단계에서 한다. 빛이 있으면 어둠이 단박에 사라지듯이, 정광명수행을 통해서 무명의 어둠을 흔적도 없이 밝힐 수 있으므로 즉신성불卽身成佛할 수 있다고 하는 것이다.

천식법

천식법遷識法은 의식을 자유자재로 옮길 수 있는 수행으로, 나란다 대학이 있던 시절만 해도 성취자가 인도에 많았다. 우리가 잘 알고 있는 일화로 위진남북조시대에 달마대사가 중국에 불법을 전수하러 가는 도중에 큰 구렁이가 죽어서 썩는 냄새가 역하게 났다. 너무 큰놈이라 들 수 없어서 자신의 의식을 옮겨 구렁이 몸으로 들어가 산에 버리고 돌아오니, 자신이 벗어놓은 잘 생긴 육신은 온데간데없고 아주 사납고 추한 모습의 육신이 남아있었다.

한 선인이 근처를 날아다니다 멋지고 잘 생긴 육신이 벗어져 있어, 자신의 못생긴 육신과 바꿔 입고 가버렸다. 달마대사는 할 수 없이 그 선인의 육신을 입고 올 수밖에 없었다. 그래서 오늘날 달마대사의 초상이 그렇게 험상궂은 모습이라 한다.

고사에서도 알 수 있듯이 당시 인도에는 천식법의 성취자가 많았었나 보다. 그러나 현재 티베트에서 동물의 몸까지도 자유로이 들어갈 수 있는 천식법은 실전失傳되었고, 아미타 극락정토로 의식을 옮기는 포와법으로 대치되고 있다.

대수인

눈 밝은 스승을 의지하여 윤회가 고통의 본질임을 알아서 출리심出離心을 내고 자비심과 보리심을 일으켜서 공관空觀의 정견正見에 의지해 아집을 여의고 순서대로 수행하면, 나로빠 육성취법의 마지막 성취 단계인 대수인을 증득하게 된다.

밀교에서 대수인은 최고의 과위果位로서 견혹見惑(온갖 지식으로 욕계와 색계, 무색계의 사제四諦의 이치를 깨달음으로써 얻어지는 번뇌와 의혹)과 사혹思惑(사물의 참 모습을 알지 못하

나로빠 육성취법을 수행하는 무문관수행자들

여 생기는 번뇌)이 다하여, 자성 본연의 대원경지를 증득함을
말한다.

　티베트불교에는 근기가 무르익은 제자를 스승이 선기禪機
활발하게 단박에 마지막 남은 무명을 파해서 깨닫게 해준
일화가 많다.

　이러한 가르침 방식은 중국이나 한국 선종에서 쓰는 가
풍과 크게 다르지 않다. 상근기의 제자는 스승이 눈 한번
깜짝하는 사이에 깨달아 버린다. 하지만 중하근기 제자에

게는 생기차제를 거쳐서 원만차제 수행에 들어가서 시절인연이 도래했을 때 직지인심直指人心하여 견성성불할 수 있도록 지혜와 방편으로 이끌어 준다. 제자가 스승에 대한 진정한 신심과 헌신을 내고 가르침에 따르기만 하면, 스승은 제자가 마음의 본성을 깨달아 성불할 수 있도록 책임진다고 티베트 사람들은 믿는다.

바르도의 가르침

중음의 상태에서 일어나는 현상들은 거의 비슷하지만 스승으로부터 바르도에 대한 가르침을 받지 않은 상태에서는 거의 인지하지 못한다.

포와수행법

포와란 의식을 천이遷移한다는 뜻으로 앞에서 설명한 나로빠 육성취법의 한 부분이기도 하지만 티베트 사람들이 죽을 때 가장 많이 사용하는 수행법이다.

사람이 죽으면 의식이 육신의 아홉 구멍을 통해 나가는데, 이 아홉 개의 구멍을 윤회에 드는 문이라 한다. 그러나 아미타불의 가피를 믿고 평소에 포와법을 수행하면 정수리에 범혈梵血이 열려서 의식이 그 통로를 통하여 극락세계로 왕생하게 되는데, 이 범혈을 성인에 드는 문이라고 말한다.

이 수행은 아주 보편적인 수행법으로 요즘 외국인들에게도 티베트 린포체들에 의해 많이 전수된다. 이 수행은 자신뿐만 아니라 다른 사람들의 임종을 도와줄 수 있는 아주 유용한 수행법이다. 포와법을 수행하면 범혈이 열렸는지 여부를 린포체들이 직접 검증해 준다.

✽

내가 대만에 있을 때에 밀교에 신심 있던 한 신도의 아버

님이 돌아가셨다. 때마침 티베트 린포체께서 대만을 방문
중이어서 포와를 청했다 한다. 린포체께서 돌아가신 분을
위해 포와 수행을 한 후에 관을 열어 시신의 정수리 부분
을 검사하니, 범혈 부분만 머리가 빠지더라는 이야기를 직
접 들은 적이 있다.

신심이 나서 포와수행을 전수하는 안양 린포체를 찾아
뵙고 도반 스님 두 명과 함께 포와수행을 전수받았다. 삼 일
후에 정수리 부분에 전에 없던 다른 기감氣感이 느껴지기 시
작했다. 일주일이 지난 후에 린포체가 우리 모두 다 범혈이
열렸다는 검증을 해주었다. 더욱 신심이 나서 일 년에 한번
씩 인도의 보드가야 성지에서 열리는 포와수행에 보름간 참
석하였다. 함께 수행하던 티베트 사람들과 서양사람들이 범
혈이 열리고 간혹 아미타불을 직접 친견하곤 하였다.

❁

구루 암틴의 무문관 도반 중에서 정진을 아주 잘하는 독
댄이 있었다. 그분은 티베트가 중공에 함락된 후에 인도로
피신을 못해서 많은 마을 사람들과 함께 중공군에게 끌려
갔다. 끌려가는 도중에 황야에서 밤을 지내게 되었는데 그
독댄은 눕지 않고 바위를 등지고 앉아 있었다.

구루 암틴

    다음날 아침 같이 가던 마을 사람들은, 그가 앉은 상태에서 포와를 해서 극락세계로 간 것을 발견했다고 구루 암틴께서 가끔 말씀하셨다.

    소걀 린포체는 죽어가는 사람을 위한 가장 가치 있고 효과적인 수행이 포와수행이라고 말하면서, 이 수행을 활용하기를 원하는 누구든지 쉽게 접할 수 있도록 포와수행의 핵심을 『티베트의 지혜』에서 자세히 설명하고 있다.

바르도란?

히말라야 설산에서 흘러나온 가장 진귀한 가르침 중에 하나는 무엇보다도 바르도에 대한 놀라울 정도로 상세한 가르침일 것이다. '바르도'란 중간상태란 뜻으로 흔히 삶과 죽음사이에 생겨나는 중음의 상태를 말한다. 깨달은 안목에서 보는 죽음은 시작도 끝도 없는 흐름의 일부로서, 온전한 전체의 맥락 가운데 일부로 보는 것이다. 그러한 삶과 죽음사이에 흐름의 일부에 지나지 않는 바르도 상태에 대한 구체적인 양상과 해탈할 수 있는 비전 등이 티베트 스승들의 깨달음을 통해서 전수되었다.

우리가 살아있을 때에도 중음의 상태는 경험할 수 있다. 선정상태에서 의생신意生身을 일으키는 선정중음이 있고, 잠잘 때에 꿈속에서 활동하는 몽중夢中중음이 있다.

이 세 가지 중음의 상태에서 일어나는 현상들은 거의 비슷하지만, 스승으로부터 바르도에 대한 가르침을 받지 않은 상태에서는 거의 인지하지 못한다고 한다. 그래서 티베트에서는 죽는 과정과 죽은 이후의 바르도 상태에서 일어날 일들을 미리 인식하고 친숙해지기 위해 노력한다. 또 살아있을 때 스승을 의지하여 상세한 가르침을 받고 끊임없이 마음의 본성을 자각하려고 노력하고, 잠잘 때와 꿈꿀 때 등 다양한 국면들을 수행에 활용한다.

티베트 사람들은 살아있으면서 죽음에 대한 준비를 가장 열심히 하는 민족일 것이다.

그들은 죽을 때 극적으로 혹은 수행자로서 조금도 어긋나지 않게 죽기를 염원한다. 살아있을 때에 어떻게 죽을 것인가, 혹은 죽은 후에 어떠한 일들이 일어나는가에 많은 관심을 가지고 사유한다.

그런 연고로 한국에서 일찍이 유통된 빠드마삼바와의 『사자의 서』와 같은 저술들이 생겨났는데, 전 세계에 널리 번역되어 서양인들을 놀라게 했던 이 책은 사람이 죽은 후에 다음 생의 몸을 받기 전까지 어떠한 일들이 일어나고, 또 어떻게 죽어가는 사람을 도울 것인지를 기록한 경전이다. 특히 주목할 만한 것은 육신을 벗어버린 중음상태에서 구경의 해탈을 얻을 수 있는 가장 좋은 기회를 맞게 된다고 말한다.

쥐덫에 걸려있던 쥐가 덫에서 풀려난 듯 육신의 굴레를 벗어버린 영혼은 살아서 육신을 입고 있을 때보다 아홉 배 이상의 힘과 영민함을 발휘한다고 한다. 그러므로 살아있을 때 수행을 통해 그토록 갈망했던 최고의 깨달음을 성취할 수 있는 가장 좋은 기회가 이때에 주어진다고 한다.

쫑카파 대사를 비롯한 티베트의 많은 성취자들이 구경의 해탈을 죽음의 순간에 성취했다고 전해지는 것도 이 때문이다. 그래서 티베트에서는 스승들의 태어난 날은 기념하지 않고 죽은 날, 즉 최후의 깨달음을 얻은 순간을 기념한다.

바르도 가르침의 독특함과 힘은 죽음의 실제과정을 지극히 명료하게 제시함으로써 해탈 방편을 구체적으로 보여주는 데에 있다. 죽어가는 사람에게 일어나는 일과 죽은 이후 바르도 과정에서 일어나는 단계 등을 상세히 진술하고 있다.

법신성취 할 수 있는 광명의 단계와 보신성취 할 수 있는 달마다투, 즉 법성에서 광휘의 불꽃이 일어나는 단계와 화신성취 할 수 있는 자비로운 모습을 한 불보살님들과 무서운 모습을 한 본존불과 호법신장들이 나타나는 세 단계로 크게 나눈다.

법신의 성취

우리 몸을 구성하고 있던 지수화풍地水火風 사대四大가 쇠락하여 차례로 근원으로 섭수된 후에, 어머니에게 받은 붉은 명점과 아버지에게 받은 흰색 명점이 하나로 합쳐지면서 깜깜한 암흑과 함께 호흡이 끊어진다. 이때 가장 먼저 근원적 광명인 법신 광명이 나타나게 된다.

생전에 수행을 잘했거나 스승으로부터 바르도에 대한 가르침을 받은 사람들은 이러한 법신 광명을 인지하여 해탈하게 되지만, 대부분 사람들은 인지하지 못하고 무의식 상태에 들게 된다고 한다.

수행자가 마음을 본성 가운데에서 흩어짐 없이 쉴 수 있는 한 이 광명은 유지된다. 보통의 경우 손가락을 퉁길 정도의 짧은 기간동안 지속되거나 한 끼 식사를 할 수 있는 동안만큼 지속된다고 한다.

그래서 티베트에서는 성취한 수행자가 열반하게 되면 삼일에서 오일 동안 시신에 손대지 않고 그대로 선정상태를 유지할 수 있도록 아주 고요한 분위기를 유지한다. 그러다가 시신이 고개를 떨구거나 코에서 액체가 흘러나오면, 의식이 몸에서 떠난 징조라 하여 그제서야 염을 하고 화장할 준비를 한다.

❀

내가 캄바카 사원에 있는 동안 무문관을 지도하던 독댄 암잠이 돌아가셨다. 이분은 평소에 고행으로 일관하면서 정진력이 뛰어나서 절의 전 대중으로부터 신망과 존경을 받왔다.

여든두 살의 고령에도 시봉을 받지않고 무문관에서 대중과 똑같이 공양받고, 무문관에서 수행하는 라마들을 지도하는 일 외에 혼자서 묵묵히 불상에 복장과 정진, 기도하는 일로 하루를 보냈다. 열반하기 일주일 전까지도 대중기도에 참석하고 평소와 다름없이 불상 복장도 하였다. 그러나 본인은 물론 온 대중이 다 그분이 돌아가실 날이 머지않았음을 감지하고 마음속으로 안타까워하고 있었다.

암잠은 고요히 당신의 죽음을 준비하고 받아들이고 있었다. 새벽에 구루 암틴이 암잠의 부름을 받고 두 분이 몇 마디 나누고 조용히 숨을 거두었다. 그 시간 이후 암틴은 오일간 암잠의 시신을 선정상태에서 고요히 있을 수 있도록 곁에서 지켰다. 그 오일동안 시신에서는 전혀 역겨운 냄새가 나지 않았다고 암틴은 말했다. 오일이 지나고 무문관 법당에서 기도 소리가 나기 시작했다.

암잠을 위한 기도의식이 있던 날 맑은 하늘에 너무도 찬란한 쌍무지개가 나타났다. 다비식 날 온 대중과 마을 사람들이 암잠의 시신에 마지막 하직인사를 올리는 카닥(흰 명주수수건)을 올렸다.

다비식은 세 시간에 걸쳐 대중라마들의 기도와 함께 이

루어졌다. 그 날 저녁 잿더미 속에서 안잠의 심장과 혀가 타지 않고 그대로 남아있었고, 사리 백오십여과가 수습되었다. 후에 암잠의 심장과 혀는 무문관 법당에 사리탑을 조성하여 안치되었고, 사리와 유골은 법당 마당 옆에 사리탑을 조성해 안치했다.

티베트에서는 일반 사람의 시신이라도 사흘이 지나기 전에는 옮기지 않는다. 왜냐하면 그가 깨달은 사람인지 아닌지 알 수가 없고, 의식이 언제 떠날 지 불확실하기 때문이다. 만일 시신에 손을 대게 되면 의식이 손을 댄 부분 쪽으로 쏠리게 되어 정수리 쪽의 천문이 아닌 다른 곳으로 나가게 되어 불행하게 태어날 수도 있기 때문에 특히 신중을 기울여야 하는 것이다.

대만의 큰스님들께서는 의식이 육체를 떠나는 데 여덟 시간 이상 걸린다고 주장한다. 티베트에서는 대부분 삼일 이상 걸린다고 주장한다. 그러므로 시신의 검사나 화장은 삼일이 지난 후에 하는 것이 가장 바람직하다. 만약 그 전에 시신을 옮기거나 만져야 할 경우에는 만지기 전에 포와수행을 해야 한다고 말한다.

깨달은 수행자는 죽음의 순간에 근원적인 광명을 인지하

여 법신 성취를 하게 된다. 이것은 우리가 일생동안 수행과 지속적인 정진을 통해서 스승이 알려준 광명의 상태와 본연인 자성광명을 합일시키는 수행을 계속했을 때 죽는 순간 그 광명을 인지할 수 있다고 한다.

예를 들면, 우리가 뉴욕 공항에 한번도 만난 적 없는 누군가를 마중나갔을 때, 사전에 그 사람의 인상착의나 사진을 소개받았다면 많은 사람들 가운데서도 그를 찾아내고 알아볼 수 있을 것이다. 만약 사전지식이 없다면 그가 곁에 있다 해도 알아 볼 수 없을 것이다.

일단 마음의 본성에 대한 가르침을 받아 인지할 수 있게 되면, 나중에 그 본성을 알아볼 수 있는 열쇠를 확보한 셈이다. 사진이 있다고 하더라도 몇 번이고 자세히 보고 익혀야 그 사람이 스처지나갈 때 곧 알 수 있듯이, 평소에 꾸준히 수행하여 마음의 본성에 대한 인지를 한층 깊고 확고하게 해두어야, 바르도 상태에서 많은 경계가 일어나는 중에도 바로 근원적인 광명을 인지하여 법신 성취를 하게 된다고 가르치고 있다.

보신의 성취

근원적 광명의 발생은 동트기 바로 직전 텅빈 구름 한점 없는 맑은 하늘과 마찬가지다. 그러한 상태에서 점차 태양이 모든 방향으로 윤곽을 드러내면서 광채를 나타내기 시작한다.

이때에 죽은 영혼은 소리, 빛, 색이 흐르면서 진동을 의식하는 동시에 찬란하게 밝은 빛이 여러 가지 색체를 띠고 아른거리면서 끊임없이 요동함을 느끼게 된다. 마치 한낮의 땡볕 아래 신기루와 같은 현상들이 끊임없이 움직이는 듯한 현상을 보게 되는 것이다. 이때에 법성의 빛에 대한 인식이 있는 수행자는 이러한 광휘가 매우 안정되게 일어나고 이를 활용해 해탈을 얻을 수 있다고 한다.

티베트 불교에서 닝마파의 대원만 수행 가운데 '토갈 수행'이 있다. 이 수행은 법성法性의 참뜻과 실제적인 의미를 알려주는데, 법성을 인지하고 안정시킬 수 있는데에 중점을 두고 가르친다. 이 수행을 하지 않은 보통 사람들에게는 법성의 빛은 단지 번쩍거리는 번갯불이나 반딧불에 불과할 것이다. 어쩌면 그러한 현상이 일어났는지조차 모르고 지나칠 것이다. 오직 토갈 수행자만이 그 찬란한 빛의 현현이 자신의 마음 본성에서 일어났음을 알고 해탈을 얻어 보신

적정존

성취할 수 있다고 한다.

화신의 성취

만일 법성의 찬란한 빛이 자신의 마음에서 일어난 자성의 빛임을 깨닫지 못한다면, 그 다음으로 단순한 빛과 색깔들이 크고 작은 물방울무늬와 밝은 점으로 나타나다가 하나로 통합되어 합쳐지기 시작한다.

그리고 나서 거대한 광명체 속에 천여 마리의 용이 한꺼번에 포효하듯한 소리와 함께 눈을 멀게 할 정도의 밝은 빛 속에, 42분의 자비한 모습의 불보살님들과 58분의 무시무시한 분노의 불보살님들 모습이 나타난다.

바르도 상태에서 나타나는 백명의 자비존과 분노존들을 중국에서는 문무백존文武百尊이라고 번역했다. 문무백존의 출현은 며칠에 걸쳐서 계속되는데 생전에 바르도에 대한 가르침을 통해 문무백존에 대한 인식이 없으면 그 모습들은 자신을 위협하고 놀라게 하는 것처럼 보인다. 그래서 더 없는 공포와 두려움으로 정신이 혼미해져서 육도윤회로 우리를 인도하는 희미한 빛 속으로 숨게 된다고 한다. 사실상 문무백존 가운데 자비존 42분은 자신의 가슴차크라에서 현현한 모습이고, 58분의 분노존은 자신의 대뇌, 즉 정수리 차크라에서 현현한 모습이라고 한다.

구체적으로 설명하면 자비존 가운데에 아미타불을 위시한 오방불五方佛은 오온五蘊이 정화되어 대원경지 등 다섯 가지 지혜가 현현한 모습이고 관음보살을 비롯한 팔대八大보살은 팔식八識이 정화된 모습이며 그 배우자인 불모의 모습은 팔식의 대상인 경계가 정화된 모습이다.

이와 같이 자비존과 분노존의 모습이 자신의 번뇌와 집착이 정화된 모습인 줄 알아서 그것이 바로 내 마음의 본성인 줄을 알아차림으로써 해탈을 이루어 화신성취를 하게 되는 것이다. 티베트에서나 대만 사람들은 이러한 바르도의 문무백존에 대한 사전지식을 확고히 하여, 중음의 상태에서 화신성취를 할 수 있는 마지막 기회를 놓치지 않기 위해, 백분의 자비존과 분노존에 대한 탱화를 그리거나 사진으로 모시기도 하고, 불상을 조성해 법당에 안치하기도 한다.

수행단계의 사상四相

그런데 이러한 문무백존이 죽은 후에 바르도 상태에서만 나타나는 것은 아니다.

닝마파의 족첸수행을 하면 선정 상태에서도 근원적 광명의 상태를 거쳐서 법성의 광휘가 현전하고 그 다음에 문무백존이 현전하는 단계를 체험함으로써 법신, 보신, 화신의 성취를 원만하게 할 수 있다고 가르친다.

이러한 수행의 단계를 사상四相이라 하여, 첫째 자성의 본질인 법성의 빛을 실제로 보게 되는 법성현전상法性現前相, 바깥 경계를 반연해서 지혜가 일어나고 미혹한 분별망상을 여읜 청정한 지혜가 증장되는 증오증장상證悟增長相, 이 상태에서 더욱 정진하면 모든 청정치 못한 현상들이 사라져서 오색 빛을 띤 현상들이 세간에 가득차고 오방불을 비롯한 자비존과 분노존들의 만다라가 세간에 가득 차서 부처님들 가슴에서 미세한 빛줄기가 자신의 가슴으로 연결되는 현상이 일어나면서, 번뇌에서 해탈하여 모든 습기가 끊어지고 모든 환幻의 현상들이 사라지고 지혜가 늘어 각종 신통의 경계가 열리게 된다.

이때에는 실체의 현상들이 법성으로 정화되어 법신, 보신, 화신과 정토를 증득하게 되는데 이러한 경계를 세 번째 단계인 명지여량상明智如量相이라 한다. 거기에서 더욱 용맹스럽게 정진하면 모든 번뇌와 미혹한 현상들이 스스로 정화되어 원초적인 불이법계不二法界에서 보리를 증득하게 된

분노존

다. 이때에는 법력의 부사의한 힘이 법계에 두루 편만해져서 위신력을 나툴 수 있는 힘이 온전해진다. 마치 하나의 달이 천강에 달 그림자를 나투듯이, 온 법계에 화신을 나투어 중생들을 위한 불사를 지을 수 있게 된다. 이러한 경계를 구경의 법성변진상法性遍盡相이라 한다.

이와 같이 자성을 인지하여 구경의 해탈에 이르는 과정은 사후의 바르도 상태에서도 똑같이 일어난다고 한다. 다시 말해서 살아 생전에 수행에 마음을 두고 열심히 정진했을 때에야 바르도 상태에서도 해탈할 수 있는 능력과 지견이 갖추어진다고 말할 수 있다. 그래서 티베트불교에서는 죽음의 순간에 해탈할 수 있는 최후의 기회를 놓치지 않기 위해, 살아 있을 때 스승의 가르침대로 열심히 노력하고 정진하며 죽음의 순간을 맞이할 준비를 게을리하지 않는다.

꿈과 수행

한여름에 산에 오르면 이름 모를 갖가지 풀꽃들이 많이 핀 것을
볼 수 있듯이 수행자에게 일어나는 체험이나 꿈의 경계도 무수히
많다. 좋다 나쁘다 집착 없는 것이 중요하다.

꿈속에서의 가피

티베트불교에서는 우리의 잠재의식 속에서 일어나는 꿈의 경계를 수행의 한 방편으로 사용하는 특색이 있다.

수행과정에서 우리는 마음속에 일어나는 생각뿐 아니라 아주 미세한 잠재의식까지도 다 정화해야 한다. 그렇게 해야 잠재의식마저도 자유자재로 컨트롤할 수 있고, 결국에는 모든 경계를 다 정화하여 무명 속에 빠지지 않고, 항상 밝고 고요한 주인공이 되는 것이다.

흔히 도가道家에서 말하는 지자무몽智者無夢, 곧 '지혜로운 사람은 꿈이 없다'는 경계와 같이 우리의 잠재의식이 다 정화되어 망상분별이 없는 경계를 말하는 것으로, 깊은 어둠의 잠에 빠져 죽은 듯이 자는 것과는 하늘과 땅 차이이다.

티베트의 성자 밀라래빠는 다음과 같이 말했다.

"초저녁에 꾸는 꿈은 낮에 일으킨 망상분별의 반영이요, 자정에 꾸는 꿈은 귀신의 장난이요, 새벽녘에 꾸는 꿈은 미래를 암시한다."

그리고 밀라래빠는 자신의 법을 모두 전수받은 수제자 감

달라이라마와 민링틴진 린포체

뽀빠에게 한동안 꿈이 맞는 경계가 일어날 것이라고 예언했다.

티베트 수행을 대표하는 나로빠 육성취법의 여섯 단계 가운데 세 번째 단계가 꿈수행(Dream Yoga)이다.

육성취법의 첫 번째 단계인 뚬모(배꼽불)수행에서 힘을 얻게 되면 성취의 징조로 한동안 미래 예언적인 꿈을 꾸게 된다. 그러고 나서 꿈의 경계까지도 수행의 한 단계로 끌어들여 응용하게 되는데, 이때에는 일부러 많이 먹고 몸을 따뜻하게 해, 오랜 시간 동안 잠을 자고 꿈을 길게 꿀 수 있도록 방편을 사용한다. 그래서 원하는 내용의 꿈을 꾸고 그 내용을 자유자재하게 바꿀 수 있도록 노력한다.

티베트에서는 꿈수행을 성취한 라마들의 일화가 많지만, 나의 스승 구루 암틴에게 법을 전해준 라긴쏘댄 이야기를 함께 살펴보자.

✽

라긴쏘댄은 네팔의 성취자인 바수다라를 꿈에 친견하여 닝마파의 대표 수행법 중 하나인 야만타카 요가수행을 직접 전수받아 암틴에게 전수하였다. 바수다라는 『티베트사자의 서』를 전수한 것으로 유명한 빠드마삼바와와 같은 시대에 살았던 훌륭한 성취자였다.

꿈에 라긴쏘댄은 아름다운 두 여인의 인도로 큰 사원이 있는 곳으로 갔다.

황금 문고리가 두 개 달린 큰 법당의 문을 열고 들어가

야만타카

자, 바수다라가 높은 법상에 앉아 있었다. 라긴쏘댄이 인사 드리자 바수다라가 물었다.

"야만타카 수행을 전수받을 생각이 있느냐?"

"예, 법을 전수받고 싶습니다."

그러자 바수다라는 관정과 함께 가르침을 주고 경전을 하사하였다. 받은 경전을 가슴속 깊이 넣고 문을 나온 라긴쏘댄은 경전을 다시 꺼내보려 하였다. 그런데 경전이 버터처럼 녹아 몸 속으로 모두 스며들어 없어져 버리는 것이었다.

꿈에서 깬 라긴쏘댄은 그 경전의 내용을 너무 생생하게 기억하였다. 그는 주석과 해설까지 자세히 달아 방대한 분량의 야만타카 수행에 관한 책을 남겼다. 그 책은 지금도 따시종의 라마들에게 전수되고 있다.

예언적인 꿈

때로 티베트에서는 관정식을 통해 자신이 어떠한 가피를 입을 수 있는지, 혹은 성취할 수 있는지 꿈을 통해 측정하기도 한다.

꿈속에서 관정의식의 주존인 본존불이나 스님들을 보게 되거나, 함께 수행하는 도반들이 나타나거나, 꽃과 법구를 보거나, 음악을 듣고 노래를 한다거나, 부처님께 절을 하거나, 흰옷을 입거나, 설산雪山 등의 높은 곳에 오르면 신구의身口意 삼문三門의 가피를 입는 징조라고 한다.

목욕하거나, 빨래하거나, 몸에서 피고름 등 오물이 나오거나, 흰옷 또는 새옷을 입는 것은 업장이 소멸되어 새로운 법에 입문하는 징조라고 한다.

또 절을 하거나, 만트라를 하거나, 설법하는 것도 그 수행을 통해 말에 힘이 생기고 행에 힘을 얻을 징조라고 한다.

이와 관련된 밀라래빠의 유명한 이야기와 나의 체험 일화들을 소개한다.

❋

어느 날 밀라래빠는 자신의 가장 훌륭한 세 제자에게 말했다.

"오늘 밤의 꿈을 잘 기억했다가 내일 아침 나에게 알려다오. 꿈을 풀이해 주겠노라."

제자 시와외레바는 떠오르는 태양이 가슴속으로 들어오는 꿈을 꾸었고, 제자 레충바는 세 곳의 큰 골짜기에 도착해 큰 소리로 외치는 꿈을 꾸었다. 제자 감뽀빠는 무수한 인종의 사람들을 죽이고 그들의 호흡을 다 들이마시는 꿈을 꾸었다. 당황한 감뽀빠는 악몽을 꾸었다며 스승 앞에서 참회의 눈물을 흘렸는데, 뜻밖에도 밀라래빠는 기쁜 표정으로 말했다.

"아들아, 그토록 갈망하던 너의 소망을 성취하게 되었구나. 많은 중생들을 윤회계에서 다 구원하여 해탈케 하리라."

다시 밀라래빠는 레충바에게 말했다.

"너는 나의 말을 세 번 어긴 인연으로 윤회계에 세 번 더 태어난 다음 훌륭한 불교학자가 될 것이고, 학자로 크게 이름을 떨친 후에 성불하게 되리라."

또 시와외레바에게 예언하였다.

"길상의 꿈이기는 하나 서원이 작기 때문에, 많은 중생들에게 이익은 주지 못하고 정토에 태어나리라."

동물 꿈

티베트불교에서는 생기차제 수행으로 본존수행을 많이 한다. 특히 본존 가운데 분노존들은 동물의 모습으로 화신을 나투는 경우가 많다.

예를 들면, 배꼽불 수행의 본존인 금강해모金剛亥母는 검은 어미돼지의 모습으로 나투고, 문수보살의 분노존으로 일

마두명왕

명 대위덕금강大威德金剛이라 불리는 야만타카는 소의 모습
으로, 관음보살의 분노존인 마두명왕은 말의 모습으로 나
투신다. 그래서인지 본존수행을 하면 본존들이 동물 모습
으로 꿈에 오기도 한다.

❀

　따시종에서 금강해모의 본존수행을 하던 어느 날, 어미돼
지가 새끼돼지 네 마리를 데리고 내가 사는 집으로 들어오
는 꿈을 꾸었다. 그런데 도반스님과 이웃에 사는 아르헨티나

금강해모

청년이 모두 공양물과 꽃 등을 준비한다고 법석을 떨었다.

처음으로 꾼 선명한 돼지꿈이라 설레이는 마음으로 꿈의 내용을 구루에게 말하자, 구루는 "횡재할 꿈이 아니라 본존인 금강해모가 오는 것"이라며 기뻐해 주었다.

그 뒤 1년 남짓 지난 후, 나를 비롯한 몇 분의 한국 스님들과 무문관 라마들을 위해 내가 사는 곳에서 구루 암틴과 돌종 린포체를 모시고 야만타카 수행을 위한 관정을 3일 동안 거행하게 되었다. 그런데 관정의식이 있기 며칠 전 다음과 같은 꿈을 꾸었다.

어느 사찰에서 나와 야만타카 관정에 참석한 비구스님들을 귀빈으로 초대해 성대한 공양으로 대접하였다. 음식상에는 통째로 삶은 돼지와 소 한 마리가 놓여 있었다.

잠시 후 시중 드는 처사가 돼지고기를 떠서 내 앞 접시에 놓았다. 망설임없이 고기를 먹은 나는 순간 단전에서 뜨거운 불기운이 일어남을 느꼈다.

처사는 다시 공양금이 든 봉투를 앞에 하나씩 놓으면서 내 앞에 이르러, "인도에서 좋은 일을 많이 한다"며 두 뭉치의 돈을 특별히 더 주었다.

꿈을 꾸고 구루에게 의미를 여쭈었다.

야만타카 무문관 법당

"돼지고기를 먹은 것은 배꼽불 수행을 받아 힘을 얻을 징
조이고, 소고기는 앞으로 야만타카 수행을 받을 징조이니라."
 돈을 받은 것은 이러한 수행과 인도에서의 생활을 통해
복덕자량이 많이 쌓일 징조라고 해몽해 주었다.

 구루 암틴이 설산 동굴에서 야만타카 본존 수행을 할 때,
꿈에 동굴 밖에서 몇몇 사람들이 모여 시끌벅적하게 떠드
는 소리가 들렸다.

"용이 하늘로 올라간다."

"아니다. 저건 용이 아니라 사슴이다."

암틴이 밖으로 나와 하늘을 보니, 그것은 용도 사슴도 아니었다. 붉게 빛나는 큰 소 한 마리가 하늘로 날아오르고 있었다. 그 뒤를 독수리만한 흰색의 큰 벌이 쫓아가더니 큰 소를 머리에서부터 집어삼켜 버렸다.

암틴은 이때의 꿈을 지혜의 야만타카를 성취하는 의미 있는 꿈 같다고 술회하였다.

만트라 수행 후의 몽중가피

밀교수행은 입문하기 전에 반드시 먼저 본존 관정을 받아야 하고, 수호 본존의 가피를 얻기 위해 본존불의 만트라 수행을 일정 기간 동안 한다. 이제 내가 만트라 수행을 통하여 몽중가피를 얻었던 이야기를 소개한다.

❁

북인도 따시종에 있을 때 나는 구루 암틴으로부터 닝마파의 대표적 본존요가인 야만타카 관정을 받고 본존불 만트라 수행을 두 달 동안 하였다.

구루는 미리 수행을 위한 가르침을 주는 과정에서 야만타카 본존불의 가피를 확인할 수 있는 현전가피와 명훈가피, 몽중가피에 대해 설명하였다.

암틴의 말 가운데 강한 인상으로 남았던 것은, 수행 중에 확실한 가피를 얻었다는 확신을 하게 되면 감사의 예물로 싸인돌마(돌마는 보릿가루로 만드는 공양물, 싸인돌마는 가피의 확실한 징조를 주는데 대해 본존불께 감사의 예물로 올리는 공양물임)를 미리 만들어 잘 덮어두었다가 올리라는 것이었다.

나는 싸인돌마를 조심스럽고 두근거리는 마음으로 받아 한쪽에 잘 덮어 두었다. 그리고 싸인돌마 때문에 조금 더 긴장하면서 조심스럽게 만트라 수행을 했으며, 외호를 도와준 도반스님도 내가 언제 싸인돌마를 올릴 것인지 자못 주의를 기울이며 지켜보았다.

그렇게 한 달 남짓 지났을 때였다. 꿈에 돌아가신 할머니가 나타나 나를 극락세계로 인도하였다. 그곳에서 할머니는 당신이 쓴 정토발원문을 주며 말했다.

"네 신심이 확고하지 못해서 그렇지, 신심만 확고하다면 정토수행법으로도 한 생에 성불할 수 있다. 법당에 가서 친견할 분이 있으니 따라오너라."

법당에 이르니, 법당 안에는 금빛의 찬란한 비단 가사를

걸쳐 입으신 한 분의 부처님과, 비단옷을 입어 보통 스님과
는 분위기가 좀 다르고 매우 후덕해 보이는 두 보살님이 아
주 즐거운 대화를 나누고 있었다. 그 세 분은 왠지 낯익은
모습이었다.

그러다가 문득 잠이 깨었다. 꿈이 너무도 생생해 곰곰이
생각해 보니, 그 세 분은 내가 대만에 유학하고 있을 때 탱
화에서 자주 보던 아미타부처님과 관음보살, 대세지보살이
었다.

티베트불교를 접한 이후 나는 줄곧 해오던 정토수행을 소
홀히 하고 있었다.

그래서 본존불께서 꿈에 나타나 흔들리지 않도록 신심을
불어넣어 준 것이라고 여겼다. 나는 동이 트기도 전에 싸
인돌마를 들고 옥상으로 올라갔다. 여느 때보다 일찍 밖에
나온 나를 본 도반스님은 "싸인돌마를 올리느냐"며 호기심
을 감추지 못하고 따라 올라왔다.

야만타카 본존불과 극락세계에 계신 세 분의 불보살님께
감사를 드리는 마음으로 돌마공양을 올리자, 마치 극락세
계에서 내가 올린 공양물에 화답이라도 하듯이, 동쪽에서
비치기 시작한 아침햇살을 받아서 서쪽에 찬란한 무지개가
선명하게 수직으로 뻗어 하늘로 솟아올라 갔다. 영문을 알

지 못한 도반스님은 '새벽녘 서쪽에 선 무지개는 처음 본다'
면서 유난히 환희심을 내었다.

　이러한 꿈을 평소에도 꾸게 되면 수행에 도움되는 징조라
할 수 있겠지만, '좋다 나쁘다' 하는 집착이 없는 것이 무엇
보다도 중요하다.

　한여름에 산에 오르면 이름모를 갖가지 풀꽃들이 많이
핀 것을 볼 수 있듯이, 수행자에게 일어나는 체험이나 꿈의
경계도 무수히 많은 법이다. 그것은 지나가는 한 과정에 불
과할 뿐, 집착을 일으키면 병통이 된다고 스승님들은 항상
경계하는 말씀을 잊지 않았다.

못 다 한

이 야 기

나의 구루, 독댄 암틴

캄바 지방의 설산에 동굴을 정하고 배꼽불 수행에 힘을 얻기 위해
햇빛이 전혀 들지 않는 북향 동굴에서 십년 동안 은둔 수행을 했다.

캄바카 사원에는 티베트의 다른 사찰과는 달리 무문관 수행자인 '독댄'제도가 있다.

따시종의 독댄들은 안으로 비구의 계율을 받아 청정계행을 지키면서, 겉으로는 재가 수행자의 모습을 하고 일생을 무문관 수행으로 일관하는 분들이다. 그들이 승려도 재가 수행자도 아닌 모습을 하는 까닭은, 상에 집착하지 않고 오직 순수한 수행만을 하기 위해 제도화한 것이라 한다.

캄바카 사원을 세운 제3대 캄튤 린포체는 이런 독댄 수행자들을 양성하는 무문관을 세우고, 한 세대에 13명 이상의 수행자를 두지 않도록 인원을 제한했다. 구루 암틴은 이 무문관 수행을 성취한 독댄들 중 한 분이다.

출가와 수행

암틴은 티베트의 캄바 지방에서 유목민의 외아들로 태어났다. 어머니는 그를 낳고 얼마 후 제7대 캄튤 린포체에게 데리고 갔다. 린포체는 '틴레로둡', 곧 마음먹은 대로 모든 사

제8대 캄튤 린포체(왼쪽)와 사리탑. 사리탑 중심부에서 보리수나무가 나와 있다. 티베트 사람들은 보리심을 성취한 증거라며 신심을 낸다.(오른쪽)

업을 성취한다는 의미의 법명을 내려 주었다. 그 뒤 사람들은 그를 '암틴'이라 불렀다. 어려서부터 오로지 수행에만 마음이 있었던 암틴은 다른 아이들처럼 놀이나 장난감에 흥미가 없었다. 오히려 라마들이 입는 자주색 옷을 너무 좋아해, 흰 치마에 붉은 물감을 쏟아붓곤 했다.

출가를 하겠다고 여러 번 떼를 썼지만, 아버지는 외아들의 출가를 쉽게 허락하지 않았다. 그러나 어머니는 달랐다. 아들이 라마가 되기를 간절히 원하는 것을 보고, 13세 되던 해에 드디어 출가를 허락했다. 그는 제8대 캄튤 린포체를 스승

구루 암틴과 필자

으로 모시고 라마가 되었으며, 법명은 제7대 때 받았던 이름
을 그대로 쓰도록 했다. 라마가 된 그는 글을 배우고 많은
경전을 외워야 했지만, 쉽게 외워지지 않았다. 그는 곰곰이
생각했다.

'출가해 수행하는 것은 성불을 위한 길이다. 역대의 조사
스님들은 어떻게 공부하여 성불하였나?'

고행하지 않고 성취하기가 어렵다는 것을 깨닫고, 티베트
성자로 가장 널리 알려진 밀라래빠처럼 수행하기로 결심했다.

그리고 27세가 되던 해에 스승인 라긴 쏘댄으로부터 야

만타카 수행을 전수받고 동굴 수행에 들어가기로 했다. 그러나 대중스님들의 계율을 지켜야 했던 당시에는 동굴 수행을 허락받기 쉽지 않았다. 다행히도 사찰 주지였던 캄튤 린포체는 암틴의 법기法器를 알아보고 동굴 수행을 하도록 허락했다. 당시 라긴 쏘댄은 이렇게 말했다.

"제8대 캄튤 린포체의 은혜를 암틴만큼 많이 입은 사람은 없을 것이다."

그뒤 캄튤 린포체는 암틴을 밀라래빠 같은 수행자로 키우고자 물심양면으로 많은 은혜를 베풀었고, 암틴은 캄바 지방의 설산에 동굴을 정하고 10년 동안 은둔 수행을 했다. 그는 배꼽불 수행에 힘을 얻기 위해 일부러 햇빛이 전혀 들지 않는 북향 동굴을 택해 정진했고, 수행에 들어간 지 얼마 안 되어 꿈을 꾸었다.

✳

동굴로 가는 길목에서 아리따운 두 소녀가 놀이를 하고 있다가, 암틴이 지나가자 다가와서 물었다.

"7년 후 당신이 수행하는 동굴로 소식을 전하러 가도 되겠습니까?"

"와도 됩니다. 그런데 소식을 전하는 당신의 이름을 알아야 기억할 수 있지 않겠소?"

"예, 저희는 세랍빨댄과 디쎄마라고 합니다."

'세랍빨댄'은 티베트어로 '지혜가 원만구족하다'는 뜻이고, '디쎄마'는 '번뇌 업장이 다했다'는 뜻이다. 그 꿈은 7년 후 암틴이 깨달음을 얻고 번뇌와 업장이 다해 지혜가 원만구족하게 될 것을 여자 호법신인 다키니들이 예언한 것이다.

10년 동안 설산에서 산새들과 들짐승들을 벗삼아 수행한 구루는 산새들과 들짐승들에게 각별한 친근감을 가지고 좋아했다. 그러나 표범은 산에서 가장 두려운 존재이다. 수행 동굴 근처에는 산양들 무리가 살고 있었는데, 암틴과 그들은 좋은 이웃이었다. 표범이 나타나면 산양들은 경계를 알리는 신호를 냈고, 암틴은 큰 소리로 만트라를 하여 표범을 쫓아주었다.

그러다 거의 한 달째 먹을 것을 구하지 못한 암틴은 밖으로 나와 표범이 먹다 남긴 생고기를 먹기 시작했다. 문득 누군가의 시선이 느껴져 고개를 들어보니 표범이 금방이라도 달려들 것 같은 기세로 바라보고 있었다. 놀란 암틴은 고기와 뼈를 표범을 향해 집어던지고, 바위를 넘어 동굴로 숨어들었다고 회고하였다.

표범은 노루를 많이 잡아먹는다. 특히 노루 배꼽인 사향을 먹고 취해서 어쩔 줄 모르고 으르렁거렸다. 암틴은 그때마다 노루 뼈다귀를 모아 기도해 주고, 혹은 사향이 조금이라도 있는지 살폈는데 한 번도 얻지 못했다고 한다.

구루 암틴은 이처럼 가끔 설산에서 동굴 수행을 하면서 겪었던 일들을 재미있게 이야기해주었다.

북인도 따시종으로

여러 경계를 뛰어넘고 수행이 무르익어갈 즈음, 티베트는 중국으로부터 침략을 받았다. '유돌마'라는 다키니 호법신의 예언을 통해 신변에 위험이 닥칠 것을 미리 안 캄튤 린포체는, 암틴에게 '한 달 동안 먹을 보릿가루를 가지고 인도로 성지순례를 가자'며 사람을 보내왔다.

캄튤 린포체와 제자들은 40여 마리의 말에 경전 등을 싣고 한 달 동안 밤낮없이 인도로 향했다. 도중에 강물이 범람하는 큰 강을 만났을 때, 뱃사공은 강을 건너는 것이 절대 불가능하다고 했다. 그러나 린포체는 약간의 두려운 상황은 있겠지만 안전하게 건널 수 있을 것이니, 경전들과 함께 암틴 혼자 먼저 건너고 그 뒤를 말들이 따라가라고 했다. 도중에 배가 전복될 듯했으나 암틴과 그 뒤를 따라갔던 캄튤 린포체와 대중들도 안전하게 건널 수 있었다.

또 길이 없는 험준한 산을 넘을 때 어디선가 말방울소리가 들렸다. 그 소리에 의지해 산을 잘 넘고 보니 방울을 단 말은 어디에도 없었다. 암틴은 "아마도 호법신들의 도움이었던 것 같다"고 하면서, 인도로 오는 도중에 이와 같은 불가사의한 가피를 여러 차례 경험했다고 회고했다.

북인도에 도착해 칼림퐁에 머물기로 했는데 사원이 준비되지 않았다. 린포체는 야산에 큰 천막을 치고 장작으로 약간 높은 단을 쌓아서 잠을 자고, 라마들은 마을 사람들과 함께 그 아래에서 잤다.

1년에 반은 눈이 덮인 추운 날씨에 익숙했던 암틴은 다른 라마들보다도 인도의 기후와 풍토에 적응하기 훨씬 힘들었다. 열병으로 두 번이나 머리카락이 다 빠지는 토사광란을 동반한 죽을 고비를 넘기기도 했다.

그러던 어느 날, 심한 설사로 머리카락은 다 빠지고 온몸의 피부가 새까맣게 탔으며, 다리 한쪽이 오그라들어 걸을 수 없었다. 모두들 그가 죽을지도 모른다고 걱정해 병원으로 옮기기로 결정했다. 그날 밤 암틴은 병원 침상들이 일곱 마리 말 위에 놓여져 있는 꿈을 꾸고, 다음날 아침에 독댄 암잠에게 말했다.

"7마리의 말 위에 침대가 놓여진 것으로 보아 병이 말 달리듯 빨리 나아서 일주일이면 퇴원할 수 있을 것 같습니다."

암잠은 암틴의 심각한 병을 걱정하며 말했다.

"한 달은 더 두고 봐야 하지 않겠는가?"

그러나 암틴의 예상대로 병은 급속히 호전되어 일주일이 되자 의사가 약을 주며 퇴원을 허락했다.

인도에 정착할 것이 결정되자 암틴은 연로한 부모님들이 걱정되었다. 때마침 거울을 보고 미래를 예언하는 린포체가 깔링퐁에 도착했기에 그에게 물었다.

"저의 부모님들이 무사히 인도로 피난할 수 있겠습니까?"

린포체는 거울을 한참 들여다보더니 예언했다.

"당신의 부모님은 식량을 조금 얻으려다 피난을 못 오고 죽어서 아귀보를 받게 될 것이다. 하지만 당신이 수행을 잘한 공덕으로 다시 해탈하게 될 것이니 너무 마음 아파하지 마시오."

그 뒤 부모님 소식을 모르고 지내다가 10여 년이 훨씬 지났을 때 누이동생이 인도로 찾아와 부모님 소식을 전해주었다.

"그때 중공군이 어느 곳에 가면 보릿가루를 얻을 수 있다

제16대 까르마빠, 랑중 릭뻬 도제

고 유언비어를 퍼뜨렸어요. 아버님은 배고픔을 못이겨 보릿가루를 얻으러 갔다가 총살당하셨고, 어머님은 끌려가 강제노동하다가 돌아가셨습니다."

암틴은 가슴이 너무나 아팠으나 자신의 수행을 통한 공덕으로 부모님들이 아귀보를 벗고 해탈을 하리라는 린포체의 말씀을 상기하며 위로 삼았다.

티베트 사람들이 인도에서 생활할 때 가장 견디기 어려운 것은 무엇보다도 더위였다. 캄튤 린포체는 제자들을 이끌고 시원한 고산지대를 찾아 북인도에 위치한 '분누리'와 '달하오지' 등으로 거처를 찾아다녔다. 당시 거처를 마련하고 생활하는데 인도에 상주하던 영국인들이 많은 도움을 주었다.

먼저 와 있던 안목 있는 티베트 국민들이 달라이라마 계통의 겔룩파와 다른 전통을 가진 닝마파와 까규파의 전승도 인도에서 잘 보존되어야 한다며 걱정했다. 그들은 현재의 따시종 근처에 있는 '비르'와 '세랍링'에 제16대 까르마빠를 중심으로 까규파와 닝마파의 사원을, 캄튤 린포체를 중심으로 까규파의 사원을 건립하고자 노력했다.

이에 캄튤 린포체는 북인도의 히말라야 줄기에 위치한 '타라갈'이 다섯 분의 문수보살이 상주하는 성지임을 알고 대중과 함께 찾아갔다. 그는 타라갈을 '길상한 마을'이라는 뜻의 '따시종'으로 이름으로 바꾸고, 캄바카 사원에 법당과 요사채와 마을 공동체를 건립했다.

특히 캄튤 린포체는 현지 인도인들과 잘 융합했고 그들에게 많은 은혜를 베풀었기에, 따시종만은 인도인들이 티베트인들을 배척하는 피해를 한 번도 입지 않았다고 한다.

구루 암틴은 린포체를 도와 독댄들과 함께 티베트 캄바카 사원의 건물과 제도를 재현하고, 무문관을 지어 암잠과 함께 젊은 독댄들을 양성하는 데에 힘을 기울였다. 이 무문관에서는 『나로빠 육성취법』과 더불어 둑빠까규파의 비밀한 가르침들을 전수하고 있다.

감뽀빠와 파모둑빠

현재 둑빠까규파의 캄바카 사원의 창시자인 캄튤 린포체의 전신이라 믿는 파모둑빠와 그 스승 감뽀빠에 얽힌 이야기이다.

❀

밀라래빠의 태양과 같은 수제자는 감뽀빠이다. 감뽀빠는 본래 의사였다. 부인과 두 아들이 있었으나 전염병으로 두 아들은 죽고, 부인마저 생명이 위독한 상태였다. 감뽀빠는 부인이 더 이상 살아날 가망이 없음에도 명줄을 붙든 채 눈을 못 감고 있는 것이 애처로웠다.

"여보, 무슨 못다한 소원이 있어 편안하게 눈을 감지 못하는 것이오?"

"내가 죽고 나면 당신이 새장가를 갈까 두려워 죽지 못하고 있습니다. 한 세상 살다보니 너무도 무상하여 의미있는 일은 수행밖에 없다는 것을 깨달았습니다. 그러니 부디 내가 죽은 후에 반드시 출가하면 제가 편히 눈을 감을 수 있겠습니다."

"당신이 죽고나면 나는 바로 출가해 반드시 라마가 되겠소."

감뽀빠가 부인의 손을 잡고 이렇게 약속하니 부인은 안도의 숨을 길게 내쉬고는 세상을 떠났다. 그 길로 감뽀빠는 모든 것을 정리하고 현 겔룩파의 전신인 카담파 사원에 출가해 경율론 삼장을 통달한 훌륭한 수행자가 되었다.

후에 밀라래빠는 감뽀빠가 법을 전수할 인연 있는 후계자임을 알고, 거지로 분장해 그에게 나타나 밀라래빠에 관한 이야기를 들려주었다.

감뽀빠는 밀라래빠라는 이름만 듣고도 머리가 쭈볏쭈볏 일어섰고, 밀라래빠를 만나고 싶은 간절함 때문에 사흘간이나 밥을 먹을 수가 없었다. 그래서 밀라래빠가 있는 곳으로 찾아갔다.

밀라래빠는 예전에 자신의 약혼녀였던 여인을 보내 마중

하게 했다. 감뽀빠는 밀라래빠가 특별히 사람을 보내 자신을 영접하자 우쭐하는 마음이 생겨났다. 자만심을 일으킨 것을 안 밀라래빠는 감뽀빠에게 일주일을 더 기다리게 한 후 자신을 친견할 수 있게 하였다.

밀라래빠를 만난 감뽀빠는 그동안 카담파에서 수행한 경력과 13일간 선정에 들 수 있는 능력이 있음을 자랑했다. 그때에 밀라래빠는 보릿가루에 차와 버터를 주물러서 만든 '짬바'를 뭉쳐 들어보이면서 말했다.

"네가 그동안 수행한 공부는 이 짬바만도 못하다. 이제부터 나에게 배꼽불 수행인 '뚬모'를 배우도록 해라."

감뽀빠는 관정을 받고 처음부터 다시 시작해 석 달만에 모든 수행을 다 배웠다. 그리고 감포산으로 가서 더욱 정진해 모든 수행을 다 성취하고 까규파의 가르침을 정리해 체계화한 『해탈도론』을 지었다.

감뽀빠에게는 세 명의 수제자가 있었다. 어느 날 감뽀빠는 세 제자들을 불러서 천을 한 조각씩 주면서 마음대로 활용해 다음 날 다시 가져오라고 말했다.

다음 날 까르마빠는 천으로 모자를 만들어 쓰고 왔다. 팍모둑빠는 천을 소중히 여겨 입고 다니는 옷 안쪽에 대어서 입고 왔다. 나머지 제자 한 명은 그날 저녁에 술을 바꿔 마섰다고 말했다. 감뽀빠는 까르마빠에게 말했다.

"미래세에 그대의 명성이 가장 널리 알려질 것이다."

그 예언대로 까르마빠가 수장인 깔마까규파는 까규파 가운데 가장 세력이 컸고 그 파의 계승자인 법왕이 되었다. 현재 17대 환생자인 까르마빠(大寶法王대보법왕)는 티베트 망명정부가 있는 다람살라에 망명해 달라이라마의 보호를 받고 있다.

그리고 팍모둑빠에게 말했다.

"미래세에 그대의 제자들 중 비밀한 수행을 하는 은둔 수행자가 매우 많을 것이다."

북인도 따시종에 위치한 캄바가 사원을 주석하는 캄튤 린포체 환생자는 팍모둑빠의 환생이라고 전해진다. 그 제자들은 200여 년간 무문관 수행의 전통을 이어오면서 수행성취자들을 많이 배출했다. 따시종에서는 이러한 무문관 수행자들을 '독댄'이라고 부른다.

나머지 술을 바꿔먹은 제자에게는 "너 혼자 정토에 날 것이다"라고 말했다.

공중에 떠있는 금강해모

캄바카 사원의 무문관에는 뚬모수행의 본존인 금강해모(바즈라요기니)를 모신 법당이 있다. 여자 호법신 다키니들의 수장인 이 여신은 수행자들을 옹호하고 성취할 수 있도록 인도하는 가피의 본존이다.

이 불상은 진흙과 종이를 섞어서 만든 보통 사람 크기만 한 입상인데, 지면에서 5밀리미터 정도 허공에 떠있다. 여기에 제자 독댄 암틴과 캄튤 린포체 스승 사이에 전해지는 불가사의한 설화가 있다.

✤

부탄은 둑빠까규 전승의 불교왕국이다. 고대 티베트불교 성지의 모습을 그대로 보존하고 있는 부탄은 오늘날 세계에서 행복지수가 가장 높은 나라로 알려졌다.

왕실의 대비인 모후는 8대 캄튤 린포체를 매우 신봉했다. 그래서 해마다 여름이 되면 린포체를 초청해 극진히 대접해 모셨다. 인도에 더운 여름이 오면 캄튤 린포체는 암틴 등 제자들과 부탄에서 여름을 지냈다고 한다.

한때 부탄에 있는 금강해모가 공중에 떠있는 성지를 갔는데 함께 성지를 참배한 독댄 암틴은 유난히 신심과 환희심을 내었다. 그 모습을 보고 스승 캄튤 린포체가 말했다.

"그렇게 신심이 난다면 자네가 원을 세워서 따시종에 금강해모 불상을 조성해 모시게나. 그럼 공중에 뜨는 것은 내가 책임지겠네."

절대로 허망한 말씀을 하지 않는 분이라 독댄 암틴은 믿고 불상을 조성하는 부탄의 불모를 청해 현재 따시종 무문관에 모셔져 있는 금강해모불상을 조성했다. 그리고 캄튤 린포체께서 복장과 점안을 증명하여 법당을 짓고 그 안에 안치했다.

그런데 불상을 안치하는데 지면에서 약간 떠있는 상태에서 아무리 내리려 해도 더 이상 내려가지 않았다. 모두들 그 법력에 감탄해 흰 천을 바닥에 넣어 반대편으로 빼보면서 신심을 내었다.

그 후 따시종의 금강해모불상 설화는 널리 알려졌다. 친견하러 많은 사람들이 줄을 섰고 그에 얽힌 많은 영험담이 퍼져나갔다.

친견하러 오는 사람들이 많아지자 무문관 수행자들의 수행에 방해되어 통제했다. 무문관 수행자들의 정신적 지주였던 독댄 암잠이 84세로 입적해 영결식을 준비하느라 무문관 수행자들도 한 달간 휴식에 들어갔다. 덕분에 한국에서 온 시주자들과 따시종에서 수행하던 우리 일행들도 허공에 떠있는 금강해모불상을 친견할 수 있었다.

일반 불상들과는 달리 수행자들을 일깨우는 살아있는 듯한 생생한 기운이 느껴졌고, 허공에 떠있는 것도 확인할 수 있었다.

구루 암틴과 나의 인연

독댄 암틴과 나의 인연은 전생에 지은 선업의 인연으로 예정되었을 것이다.

처음 북인도 다람살라에 왔을 때 먼저 온 도반들이 자신들의 구루에 대해서 신심과 환희심으로 이야기하는 것을 들으며, 훌륭한 성취자와 스승과 제자의 인연이 지어진 것이 정말 부러웠다.

어느 날 한 보살님의 인도로 달라이라마의 호법신인 네충신을 받는 '꾸댄라'는 신탁라마를 친견하였다. 그는 신과의 매개 역할을 하는 몸을 가지고 있어서인지, 과거와 미래를 아는 예지력과 점을 쳐서 예언하는 능력이 있었다.

나는 마음에 가장 절실했던, 내가 티베트밀교 수행을 전수받을 수 있는 스승을 만날 인연이 있는지 여쭈었다. 그분

무문관 수행 직후. 왼쪽부터 지경스님, 샘독, 암잠, 암틴, 필자

은 나는 전생에 까규파와 닝마파 두 전승을 함께 수행했으며, 곧 두 전승의 수행을 성취한 스승을 만나게 된다고 예견했다.

얼마 뒤 나는 다람살라에서 따시종 사원으로 이사를 했다. 집에 불이 난 인연으로 당시 따시종 무문관 수행자들을 지도하는 성취자 독댄 암틴에게 티베트 밀교의 기초수행부터 전수받게 되었다. 독댄 암틴은 까규파 전승의 나로빠 육성취법과 닝마파 전승의 족첸 수행인 야만타카 수행을 성취한 무문관 지도교수사였다.

나는 대만에 유학하던 때에 우연히 나로빠 육성취법에 관한 책을 읽게 되었다. 유난히 중국무술과 기공연마에 심취해 있던 나는 몸의 기맥을 열게 해서 구경의 깨달음으로 인도하는 뚬모 수행 등을 단계적으로 수행하는 나로빠 육성취법에 금방 매료되었다. 이러한 수행이 현재까지 실전되지 않고 전수되고 있다면, 반드시 이생에 수행해 보리라 다짐하면서, 부처님께 이러한 수행 인연을 만나게 해달라고 기도했다.

스승인 독댄 암틴이 이 수행을 성취하였고 전수 가능한 사실을 알게 되었다. 나는 내가 할 수 있는 모든 정성과 열정, 신심을 기울여서 그 법을 청하고 수행에 매진했다.

어느 정도 수행에 힘을 얻을 무렵 특이한 꿈을 꾸었다.

많은 사람들이 높은 산을 넘어가기 위해 줄 지어 서있었다. 나도 그 뒤에 서서 차례를 기다리다가 주위를 살펴보니, 산 옆으로 검은색 아스팔트가 깔린 큰 길이 나있는 것을 발견했다. 그 길도 같은 목적지로 통하는 또 다른 길이었다. 그런데 그 길로 가는 사람은 하나도 없었다. 모두 힘들고 오르기 어려운 산을 넘어가려고 줄 서 있었다.

"어머! 저쪽에도 길이 나있네!"

암틴 린포체

　이렇게 혼자 중얼거리며 그쪽 길로 가려고 하자, 뒤에서 어떤 여자들이 서로 주고받는 말소리가 들렸다.

　"저 길은 독댄 암틴만이 쓰는 길인데 저 비구니 스님이 가려고 하네!"

나는 그 말에 아랑곳하지 않고 검은색 큰 길로 들어섰다. 코너를 돌아서니 전면이 밝은 유리문으로 된 가게가 보였다. 가게 안에는 노란색 조화가 꽂혀있는 크리스탈 유리화병들이 가득 진열되었고, 보기에도 젊고 아리따운 아가씨 점원이 네 명있었다.

나는 가게에 들어가 독댄 암틴 집으로 가는 길을 물었다. 한 아가씨가 동전을 한 웅큼을 내게 주면서 말했다.

"길가에서 버스를 기다리다가 오면 바로 올라타십시오. 그 버스는 독댄 암틴 집으로 가는 직행버스입니다."

이튿날 나는 암틴을 찾아가 어젯밤 꿈이야기를 여쭈었다.

"검은색 아스팔트 대로는 암틴 스승님께서 성취하신 분노본존 수행인 야만타카 수행이 아닌지요? 현재 나로빠 육성취법을 수행 중인데 성취하지 못한 제가 닝마파의 수행인 야만타카 수행을 청해도 되는지요?"

스승 암틴께서는 자신도 캄툴 린포체 스승께서 나로육법을 수행할 때에 야만타카 수행을 하라고 권해서 두 가지를 함께 수행했다고 말했다. 그러면서 돌종 린포체께 야만타카 관정을 청해 받아오면 수행법을 전수해 주겠노라고 말했다.

그런 인연으로 닝마파의 방대한 족첸 수행인 야만타카 수

행을 내가 설판공덕주가 되어, 나로육법을 수행하던 따시
종 무문관 수행자들과 함께 우리집에서 3일간 관정의식을
하였다.

야만타카 관정이 있던 날 암틴 스승께서 어찌나 기뻐하
고 수승한 법석의 자리를 마련한 제자를 어여삐 여기던지,
지금도 흐뭇해하던 모습이 눈앞에 생생하다.

그 후 6개월간 본존불 무문관기도를 마치고 3년에 걸쳐
서 닝마파의 모든 수행을 총망라한 야만타카 수행을 암틴
스승께서 세세하게 전수해주었다. 큰 대양을 방불케하는
방대하고 심오한 법이었다. 그대로 수행하기만 하면 문제없
이 성불에 이를 수 있는 가르침이었다. 그러나 장애없이 수
행을 해내기에는 내 자량資糧(보리와 열반에 이르는데 바탕이
되는 여러 가지 선근 공덕)이 부족함을 여실히 느꼈다.

그릇이 작고 복이 모자라는 사람은 수행도중에 스스로 장
애를 만든다는 것을 알면서도, 아직은 중생의 업장이 나를
수행에 몰두하게 두지 않았다.

능엄경에서 아난존자가 자신이 하루걸이 학질을 앓는 환
자와 같다고 했듯이, 하루 정진이 잘되는가 하면 그 다음 날
에는 몸과 마음이 영락없이 꾀를 부렸다.

중생의 근기에 맞추어 방편이 수승한 것이 장점인 티베트밀

교에서는 항상 구루와 불보살님께 간청하는 기도를 한다. "애써 노력하지 않아도 수행을 성취할 수 있도록 가피하소서."

우리들같이 수행에 뜻은 항상 가지고 있으나 몸과 마음이 따라주지 않는 게으른 수행자에게는 너무도 간절하고 절실한 기도일 것이다.

장수기도

이렇게 한심스런 자신의 근기를 돌아볼수록 구루의 존재는 너무나 소중하고 절실한 의지처였다. 그러나 연로한 스승의 수명이 얼마나 남아있을지가 마음에 걸렸다.

고원지대에 산소가 희박하고 환경이 척박한 티베트는 추운 날씨가 일년에 반이상이기 때문에 티베트사람들 수명은 대부분 길지 않다고 한다. 그래서 장수에 대한 열망이 많고 장수하라고 서로 축복해주는 종교의식과 문화가 있다. 캄바지역 사람들은 상대방에게 고마움을 표현할 때 '꾸체링'이라고 말한다. 우리 말로 "장수하십시오"라는 뜻이다. 이것만 봐도 그들이 얼마나 장수하기를 기원하는지 알 수 있다.

티베트 전통에서는 스승이 제자의 수명에 대해 예언해주는 일이 종종 있다. 그 예언을 근거로 장수기도를 하기도

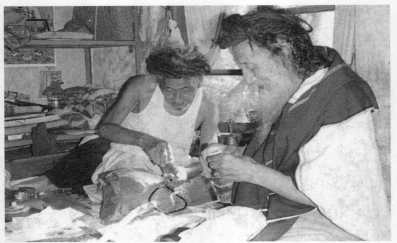
마라디카에서 받아온 장수감로를 독댄 암잠에게 드리고 있는 암틴

하고, 특별한 제자와 인연이 되면 수명이 연장될 수도 있다고 믿는다.

　내가 따시종에서 구루 암틴을 모시고 수행하기 시작했을 때 암틴은 이미 칠순이 넘었다. 어느 날 암틴의 토굴 앞에 오랫동안 함께 해온 아름드리 소나무가 빨갛게 타죽었다. 암틴의 가장 가까운 도반이자 사형인 독댄 암잠은 무척 긴장하며 암틴의 수명에 장애가 있을 것을 염려했다.

　왜냐하면 스승인 8대 캄툴 린포체께서 암틴이 73세가 정명이라고 예언했기 때문이다. 무문관에서 수행정진하던 젊은 라마들과 캄바가 사원의 200여 명 대중들이 마음을 모아 암틴의 장수를 기원했다. 한국에서 하는 생전 예수재와 같은 내용의 기도를 암틴을 위해 아홉차례나 성대하게 지냈다.

그 무렵 나는 생생한 꿈을 꾸었다.

티베트 사람들이 모여 사는 어느 마을에 갔는데 한 사람이 책상을 앞에 놓고 지나가는 사람들 손금을 봐주고 있었다. 호기심에 손을 내밀고 봐달라 하니 인도 돈으로 70루피를 달라고 말했다.

"우선 35루피를 주고 잘 보아주면 나머지를 더 드리지요".

그는 내 손금이 매우 좋은 편이라면서 생명선을 자세히 보고 말했다.

"당신 스승님 독댄 암틴이 내년 1월 25일에 입적하게 될 것이오."

순간 나는 너무 놀라서 물었다.

"내가 암틴 제자인 줄 어떻게 아시오?"

"이 근방에 티베트 사람들은 한국 비구니 스님인 당신이 암틴의 제자라는 사실을 모두 알고 있답니다"라고 대답했다.

너무 생생한 꿈에서 깨어 한참을 멍하니 앉아있었다. 스승께서 돌아가신다 생각하니 막막하여 하염없이 눈물이 나왔다. '너무도 방정맞은 꿈이다' 싶어 누구에게도 말하지 못하고 있었다. 마침 한 외국인 청년이 구루를 만나러 왔다가 티베트 사람들이 최고의 장수 성지라고 믿는 '마라디카'에 대한 이야기를 하였다. 나는 귀가 번쩍 뜨여 구루께 여쭈었다.

"마라디카가 어떤 곳입니까?"

"티베트의 경전에 보면 마라디카 동굴에서 빠드마삼바와가 무량수불을 친견하고, 장수 천녀인 '만다라화'의 도움을 받아, 죽지 않는 금강불괴신金剛不壞身을 성취했다는 내용이 있느니라. 전생의 캄튤 린포체도 돌아가시기 한 해 전에 마라디카 동굴로 장수기도를 가려고 계획했으나, 날씨 때문에 헬리콥터가 뜨지 않아 가지 못하고 다음해에 돌아가셨지."

나는 다시 여쭈었다.

"그곳에 가기만 하면 천수를 다한 사람도 수명이 확실히 연장됩니까?"

"분명히 그러한 가피가 있다. 그러나 그 마라디카 성지에는 한 가지 징크스가 전해온단다. 만약 누군가 간다고 계획하고 준비했다가 못가게 되면 반드시 수명을 마치게 되는

빠드마삼바와

금기가 있단다."

이렇게 말씀하시고 나서 당신의 구루이신 제8대 캄튤 린포체께서 49세에 입적하게 된 이야기를 해주셨다.

닝마파의 법왕인 딜고켄제 린포체와 8대 캄튤 린포체는 형제와 같은 두터운 친분으로 인도에 와서도 서로 보살피며 자주 함께 지냈다. 특히 두 분은 부탄왕국 대비마마의 존경과 신망이 두터워서 여름에는 거의 해마다 부탄왕국의 초정을 받아 부탄에서 피서를 보냈다.

딜고켄제 린포체가 예언하기를, 캄튤 린포체는 49세에 수명에 장애가 있으니 장수성지 마라디카를 다녀오면 명을 이을 것이라고 하였다. 그래서 49세 되던 해, 네팔에 마라디카 성지순례를 준비하고 카트만두에 도착해 다음날 출발할 헬리콥터를 준비했다.

그런데 그곳에 사는 티베트 사람들이 찾아와 출발 당일에 예정된 특별한 행사에 간곡히 왕림해줄 것을 청했다. 평소에 자비보살이던 캄튤 린포체는 마라디카 일정을 하루 미루고 초청을 수락했다. 안타깝게도 히말라야 줄기인 그곳은 안개가 자주 끼어서 헬리콥터가 날 수 있는 좋은 날이 많지 않았다. 결국 캄튤 린포체 일행의 마라디카 장수성지순례는 날씨 관계로 무산되었고, 캄튤 린포체는 49세에 부탄에서 입적하였다.

　암틴 구루 이러한 설명을 듣고 나는 말씀드렸다. "제가 스승님의 장수를 발원하고 마라디카 장수성지로 꼭 모시겠습니다. 성지순례에 필요한 여권 등 제반사항을 꼭 준비할 테니 스승님께서는 저에게 맡기고 간다는 말씀도 안간다는 말씀도 하시 마시고 맡겨주십시오"라고 말씀드리니구루 암틴은 말없이 흐뭇한 미소로 묵인하셨다.

　구루의 확신에 힘을 얻은 나는 그 외국인을 붙들고 마라디카 동굴 안내를 부탁했다. 그런데 무엇보다도 어려운 것은 헬리콥터를 대절하는 비용이 왕복 오천 불이 넘었다. 또 따시종에서 델리를 거쳐 네팔 카트만두까지 가서 일정을 안배해야 하는 등 거의 칠팔천 불의 경비가 필요했다.

　일 년에 한 번 한국에 나가 간신히 일 년 생활비로 이삼천 불 조달하기도 쉽지 않은 내 형편으로는 참으로 엄두가 나지 않았다. 궁리하다가 문득 이곳을 방문했던 한국인 처사의 말이 생각났다.

　"나는 죽음의 공포에 항상 시달리고 있습니다. 저에게 죽음의 공포에서 벗어나 장수할 수 있는 가피를 받도록 해주십시오."

나는 즉시 펜을 들어 편지를 썼고, 처사는 적극적이고 성의 있는 답장을 보내왔다. 나는 구루와 시자 라마와 함께 카트만두에서 그 처사님과 합류했다. 예정일보다 하루 늦는 등 우여곡절은 있었지만 헬리콥터를 대절해 우리 일행 열덟 명은 마라디카 동굴에 무사히 도착했다.

평소 그 지역은 날씨 조건을 맞추기가 상당히 어려운 모양이었다. 비록 하루가 늦어졌지만, 우리 일행은 비나 안개의 장애 없이 맑은 날씨 덕분에 히말라야 줄기를 헬리콥터로 감상하며 무사히 마라디카 동굴 어귀에 착륙했다.

약간은 흥분된 마음으로 구루와 우리 일행 모두는 동굴로 향했다. 동굴은 어머니의 자궁을 방불케하는 특이한 형상이었으며, 그곳에는 말레이시아에서 왔다는 중년의 한 처사가 먼저 와서 기도하고 있었다.

인사를 하고 기도가 잘 되느냐고 물었더니, 신심이 가득한 음성으로 대답했다.

"이 동굴의 특수한 풍수와 가피력 때문에, 하루를 기도하면 수명이 1년은 반드시 연장됩니다."

산에는 동굴 두 개가 겹쳐 있었다. 그중 한 동굴은 윗부분에 구멍이 뚫려 있어 다른 동굴 입구와 통했다. 벽쪽에는 보통 사람 열 배나 됨직한 큰 발자국이 하나 있었다. 그것은 빠드마삼바와가 다른 동굴로 점프할 때 내디딘 자국이라 했다.

해발 800여 미터 정도 높이의 굴 안쪽 벽에는 수백 마리 박쥐들이 요란한 소리를 내며 날아다니고, 바닥에는 박쥐의 오물들로 발을 딛기가 어려웠다.

입구의 벽쪽에 붙은 바위에는 구멍이 하나 있었는데, 라마가 입을 대고 불자 새벽 여명을 타고 울려퍼지는 소라고동 소리와 똑같은 소리가 울려 나왔다.

동굴 천정에는 종유석이 녹아 여자의 성기와 똑같은 모양이 그려져 있고, 그 중심부로 물이 한 방울씩 떨어졌다. 구루와 우리 일행들은 동굴 곳곳에서 한 방울씩 떨어지는 특이한 맛을 내는 물을 '장수감로'라 하여 마시기도 했다.

동굴 어귀와 주변 산은 이름 모를 나무덩굴과 특이한 꽃들로 장식되어 있었다. 또한 동굴이 위치한 옆에 두 개의 작은 산이 있었다. 동굴 있는 곳은 관음의 성지이고, 나머지 두 산은 문수보살과 대세지보살의 성지라고 구루는 일러주었다.

6일 동안 구루는 동굴 안쪽에 법상을 마련해 기도했다.

처사님 두 분은 동굴 어귀에서 구루가 기도를 잘할 수 있도록 지켰다. 나와 시자스님은 공양을 정성스럽게 마련해 올렸다.

구루의 장수성취를 위한 비장한 결심으로, 두 처사님을 비롯한 다섯 명의 시자들은 하루하루 무르익어가는 구루의 기도하는 모습을 숨죽이며 주의깊게 관찰하면서 장수불 만트라를 열심히 했다.

"옴 아마라니 지웬데예 쉬하"

그러한 우리들의 심정을 아는지, 구루는 기도를 마치면 너무도 유쾌하고 경쾌한 모습으로 숙소로 돌아와 비스듬히 누운 채, 우리를 모아놓고 여러 가지 재미있는 고사들을 이야기해 주었다.

예정된 기도회향을 하루 앞두고 일행은 동굴에 있는 구루 앞에 모여 여쭈었다.

"이번 기도에서 장수가피를 확실히 입으셨습니까?"

그러자 구루는 웃으며 말했다.

"오냐! 내가 백살은 살 수 있겠다. 저승사자가 데리러 오면, 우리 모두 마라디카에 갔다왔다고 하자구나."

그날 밤 나는 구루의 장수가피를 확신한 수 있는 징험을 보여주시기를 무량수불께 기원했다. 비가 흔치 않은 곳인데 그날 따라 비가 밤새 주룩주룩 내렸다. 나는 빗소리와 함께 꿈속으로 빠져들어갔다.

🌸

구루는 깨끗한 흰옷을 입고 높은 법상에 올랐다. 법상 아래에는 이삼백 명의 한국 선객스님들이 법을 듣기 위해 앉아 있었다. 그중에는 이미 구루와 스승의 인연을 맺은 얼굴들도 보였다. 구루는 법문을 하고 갑자기 외쳤다.

"이 뭣고!"

그러자 대중들 가운데 누군가 입을 열려고 한 순간 구루는 우렁찬 사자후를 토하였다.

"할!"

법문이 끝나자 대중 스님들이 나에게로 몰려와, '구루가 좋아하는 음식이 무엇이냐'는 등 많은 질문을 던졌다.

아침공양을 올리고 구루에게 꿈 이야기를 하고 여쭈었다.

"스승께서 한국인 제자들과 인연이 있어서, 장수하며 많은 한국 제자들을 가르칠 징표가 아닐런지요?"

구루는 내 말에 동의하는 듯 흐뭇한 미소로 답했다.

죽음의 공포에 항상 시달렸다는 처사님도 마라디카 장

수 성지에서 스승을 모시고 기도하게 된 것에 대해 너무 감사하며 기뻐했지만, 한편으로는 "업장이 두터워서인지 좋은 성지에 와서 불길한 꿈만 꾸었다"는 불평도 했다.

그는 간밤에 집 앞에 남자 시체 하나가 놓여 있는 꿈을 꾸었다 했다. 평소 같으면 무척 두려워했을 텐데, 이번에는 발로 시체를 차며 호령했다는 것이다.

"누가 내 집 앞에 시체를 갔다 놓았느냐? 갔다 버려라!"

내가 구루에게 처사님 꿈이야기를 했더니, 구루는 말했다.

"그가 한 가지 업장을 완전히 벗어버린 꿈이니라."

이후 처사님은 죽음의 공포로부터 완전히 벗어날 수 있었다. 일주일이 그야말로 꿈같이 지나갔다. 우리는 동굴에서 회향과 공양의식을 거룩하게 올렸다. 그리고 마을 사람들에게 물을 길어오게 해서, 동굴 안의 박쥐 오물을 다 씻어내고, 동굴로 가는 길을 잘 닦아놓았다. 그런 뒤 히말라야 산등성이를 하루종일 걸어 캄캄한 밤중이 돼서야 '라미단다' 공항에 도착했다. 이튿날 우리는 라미단다에서 소형 비행기를 타고 카트만두에 도착했고, 구루의 장수에 대한 확신과 환희심에 충만하여 따시종으로 돌아왔다. 모두가 암틴으로부터 장수가피를 받기 위해 기다리고 있었다.

지금 구루는 팔순의 고령에도 불구하고, 무문관을 수행하는 제자들은 물론 고향을 잃은 티베트 노인들의 의지처이며, 티베트불교 수행에 심취한 많은 외국인 제자들의 스승이 되고 있다. 언제나 고요하고 맑은 거울 같은 구루의 모습에서 모든 사람들은 고향의 어머니 품으로 돌아온 듯한 편안함과 고요함을 동시에 느꼈다.

밀라래빠의 환생자

언젠가 대만에서 퇴역군인이라는 처사님이 암틴을 방문했다. 그는 암틴을 뵙자마자 '밀라래빠의 환생자'라는 직감이 들었다면서 구루 암틴을 밀라래빠로 모셨다.

처사님은 암틴이 어렸을 때 말에서 떨어져 오른손 뼈가 온전치 못한 것을 보고, 대만으로 돌아가 뼈접골과 한의학을 배우러 한방병원에 취직했다. 이 말을 들은 한의사 부부와 한 친구는 감동하여, 암틴의 손과 건강을 치료하고 마을 사람들에게 의료봉사를 하겠다며 따시종을 방문했다.

그날 나는 구루에게 차를 올리러 갔다가 언어가 통하지 않아 쩔쩔매는 그들을 보고 통역을 거들었다. 그날 밤 꿈에 암틴이 와서는 대만 처사님과 한의사 부부와 나를 초대하여 거룩하게 공양을 차려, '당신이 좋아하는 아들딸들'이라며 대접했다.

그 후 암틴의 평생 원력인 야만타카 무문관을 지을 때 나는 땅을 시주하고, 대만분들은 법단 건립기금과 본존불상을 시주해 무문관을 지을 토대를 마련했다. 나중에 한국에서 처사님 한 분이 무문관에 시주할 원력을 가지고 따시종으로 왔지만 무문관 수행중인 암틴을 만날 수가 없었다. 그런데 암틴이 나의 꿈에 나타나 손을 잡아끌며 재촉하였다.

"시주자가 어디에 있느냐? 함께 가보자."

이리하여 만남이 이루어지고, 그후 여러 사람의 동참으로 법당이 만들어졌다.

암틴은 야만타카 수행의 수승함을 귀히 여겼고, 그 법이 중생들과 불법을 위해 널리 오랫동안 전해질 수 있도록 본존법당과 무문관을 건립하겠다는 원력을 세운 바 있다. 그러나 당신은 13세에 출가한 이래로 거의 무문관으로 일관해온 독댄 수행자였기 때문에, 그 원력을 성취할 수 있는 물질적인 시주자를 찾기란 쉬운 일이 아니었다.

전생의 인연인지 내가 따시종에 가게 되어 구루와 인연이 되고, 대만의 한의사와 한국의 처사님이 인연이 되어 원력을 성취하게 되었다. 더욱이 암틴께서 그 처사님들이 인연 있는 시주자들인 줄 알고 꿈에 나타나 미리 대접했고, 마침내 야만타카 무문관은 3년에 걸쳐 완공되었다. 낙성식과 점안식이 있던 날, 법당 맞은편 상공에 너무도 선명한 두 개의 오색구름이 생겨나 반시간이나 머물다 사라졌다. 그 자리에 있던 시주자 처사님들은 눈물로 기뻐했고, 인도와 티베트 사람들도 처음 보는 일이라며 신기해했다.

그때 캄튤 린포체와 구루는 법당에서 기도중이어서 오색구름을 보지 못했는데, 나중에 사진으로 보고는 '빠드마삼바와께서 많은 다키니들과 함께 왕림하신 것'이라며 기뻐했다.

설산에서 12년 동안 무문관을 했다는 영국인 비구니 텐진파모는 암틴을 아예 밀라래빠라고 말했다. 그러나 구루 암틴은 자신의 신통력이나 수행력을 과시하는 일이 전혀 없다. 언제나 자신은 당신 구루의 제자로 남아 있으면서 밀라래빠의 이야기를 많이 들려준다.

자신이 밀라래빠와 같은 자리에 있었던 것처럼 너무도 생생하게 당시 상황을 재현해 가며 이야기할 때면, 우리는 자신도 모르게 밀라래빠와 한 식구가 되어 설산의 동굴에서 함께 생활하고 수행하는 듯한 착각에 빠지곤 했다.

나로빠는 구루인 띨로빠를 12년 동안 모시며 이상을 부수기 위해 갖은 시련을 겪었으나, 두 스승과 제자 사이에 오가는 정은 부자 이상으로 간절하고 깊었다.

나도 마찬가지이다. 따시종에서 밀라래빠 같은 수승한 구루 암틴을 모시고 마음의 딸로서, 모든 업장이 정화되어 본연의 자성자리를 인지할 때까지 스승님을 의지하고 곁에서 시봉할 수 있기를 간절히 기원할 뿐이다. 히말라야와 같이 거대하고 바다와 같이 깊고 넓은 구루 암틴! 그분의 지도를 받는 나는 정녕 행복한 수행자이리라.

마하까라 관정

관정받는 동안 나의 몸은 마치 마하까라 본존불을 둘러싸고 있는 겁화의 불길을 그대로 느끼듯 온몸이 뜨겁게 달아오름을 느꼈다.

마하까라는 관세음보살의 분노존이다.

내가 대만에서 마하까라 관정을 받던 날, 일곱 살밖에 안 된 까루 린포체는 의연하고 자신 있는 모습으로 관정의식을 주관했다.

관정받는 동안 나의 몸은 마치 마하까라 본존불을 둘러싸고 있는 겁화의 불길을 그대로 느끼는 듯, 온몸이 뜨겁게 달아오름을 느꼈다.

그날 밤 잠자리에 든 나는 나의 의지와는 상관없이 몽유병에 걸린 것처럼 일어나서 불단 앞으로 나아갔고, 누군가의 명령을 듣는 듯 손바닥을 내밀어 감로를 받아마셨다. 그러고 나서 순간적으로 눈을 뜨니, 눈앞에는 검은 얼굴을 한 관세음의 분노존인 마하까라 본존불이 있었다. 분노존은 흐뭇한 미소로 내려다보며 감로를 내린 것이다.

그 모습은 전혀 낯설거나 두렵게 느껴지지 않았다. 왜냐하면 평소에 법당에 모셔진, 전생 까루 린포체의 지도 아래 그려졌다는 마하까라 탱화에서 본 그 모습이기 때문이다.

전생 까루 린포체께서는 본래 마하까라 본존수행의 성취

자였으므로, 다질링에 있는 쏘나타 사원에서는 마하까라의 기도를 해마다 이십여 일 간 밤낮없이 하였고, 그 기도에서 전생 까루 린포체께서는 직접 마하까라 본존불의 모습을 보이기도 했다고 전해진다.

그래서인지 환생자인 어린 까루 린포체께서도 유난히 마하까라의 관정의식을 힘있게 진행했고, 거기에서 나는 정말로 마하까라 본존불을 친견하는 불가사의한 가피를 입었다.

더욱 신심과 헌신의 마음이 우러난 나는 학업을 전폐하고 린포체를 따라다녔다. 타이페이 시내에서 학교 강당을 빌려 진행한 문수보살 관정의식에는 오백여 명의 대만 신도들이 모였다. 높은 법상에 모셔진 어린 린포체를 보고 일부 신도들은 '한참 뛰어놀 나이에 저렇게 억지로 어른노릇을 시킨다'며 '가엾다'고 쑥덕거렸다.

그런 신도들의 마음을 아는지 모르는지 린포체의 표정은 자못 진지했다. 가끔 제자들의 의식이 여법하지 못하다고 여겨지면 그 자리에서 지적하고 꾸중도 하였다. 나는 장엄하고 지혜로운 린포체의 모습에 매료되어 잠시도 눈을 뗄 수가 없었다.

그날도 그렇게 환희로움과 신심으로 문수보살의 관정을 받아서일까? 나는 또 예사롭지 않은 꿈을 꾸었다.

나의 본존 문수보살

근기가 약한 우리에게 특별한 본존과의 인연은 산만하고
의심 많은 나를 쉽게 문수보살님께 신심나게 하고
평탄한 수행의 길을 갈 수 있도록 해주었다.

출가하기 이전에 나는 당시 서울 서소문동에 위치했던 지방검찰청 공무원으로 근무했다. 그러던 어느 날, 종종 통근버스에서 스님들에 관한 이야기꽃을 피우던 법원 여직원들의 이야기가 흥미로워 따라간 곳이 고광덕스님이 지도했던 불광법회였다.

처음으로 가까이에서 본 스님의 모습은 수정체같이 청정하고 맑아 보여 너무 인상적이고 감동이었다. 그날 이후 나는 목요일만 되면 어김없이 스님이 가장 잘 보이는 앞자리를 차지하기 위해 일찍 대각사로 갔다.

처음 듣는 『금강경』은 거의 알아듣기 어려웠다. 그러나 뜻도 모르면서 『금강경』의 사구게가 나올 때마다 알 수 없는 감동과 함께 눈물이 하염없이 쏟아졌다. 마치 오랜세월 만나지 못한 이산가족이라도 만난 듯한 회한의 눈물이었다.

그렇게 광덕 큰스님의 고결한 모습과 금강경의 알 수 없는 매력에 나의 인생은 새로운 활력을 찾았다. 법회에 빠짐없이 참석하고 법우들과 함께 성지순례도 다니고 기도도량을 찾아 기도도 함께 다녔다.

그러던 어느 날 불광회에서 문수보살께서 현신하셨다는 오대산으로 성지순례를 갔다. 부처님의 진신사리를 봉안한 적멸보궁에서 광덕스님을 모시고 법우들과 함께 석가모니불 정근을 했다. 모든 마음이 염불소리와 하나가 되면서 신심이 솟아나 기뻐서 날뜰 듯한 감정을 맛보았다. 그리고 마음속에서 '이렇게 수승한 불법을 수행해서 그 진리를 세상에 널리 펴리라' 하는 원을 세웠다.

마을에서는 이미 꽃피는 봄을 맞이하고 있는데 오대산 꼭대기에는 눈발이 휘날렸다. 봄 눈을 맞으며 백여 명의 법우들은 두 손 모으고 마음을 하나로 '석가모니불'을 목청껏 염불했다. 염불소리와 함께 출가를 발원하는 나의 발심도 문수보살의 증명아래 석가세존께 그대로 전달된 듯했다.

얼마 후 출가의 길이 실현되었고, 대만으로 유학을 가게 되었다. 함께 무술을 연마하던 젊은 청년은 장래에 티베트 불교로 출가해 라마가 되려 한다고 했다. 그래서 티베트의 린포체 한 분을 시봉하며 공양주를 하고 있었다. 청년은 말했다.

"티베트 사람들은 각자 전생부터 특히 인연이 깊은 수호

본존인 불보살님이 있다고 믿습니다. 현생에도 그 인연 있는 수호본존을 찾아 수행하면 성취가 빠르다고 합니다. 제가 시봉하는 린포체께서는 사람들에게 전생부터 인연 있는 본존을 알려주는데 한 번 친견하고 여쭤보지 않으렵니까?"

수행과 관계된 전생 인연을 알 수 있다는 처음 듣는 내용이 신기하고 호기심도 생겨서 함께 공부하는 스님과 린포체를 친견하러 갔다. 오십여 세쯤 돼 보이는 린포체는 아주 푸근하고 편안한 모습으로 우리를 맞이했다. 린포체께 절을 하고 준비해 온 보시금을 올린 다음 "자신과 인연 있는 본존불을 알고 싶어 왔다"고 말씀드렸다.

린포체는 주사위를 손에 들고 기도하더니 네모난 상자에 주사위 세 알을 던졌다. 그리고 주사위에 나타난 숫자를 자세히 살피더니 함께 간 스님에게 관세음보살이 인연 있는 본존불이라고 말했다. 그 말을 듣고 나는 믿음이 갔다. 왜냐하면 그 스님은 평소에도 관세음보살님께 신심을 내고 기도를 하고 있었기 때문이다. 본인의 번뇌와 업장을 관음기도를 통해 힘을 얻고 있다고 늘 말했었다.

나는 조금 앞으로 땅겨 앉으며, 나의 본존불이 누구인지 재촉하였다.

린포체는 다시 한번 주사위를 던지더니 말했다. "너의 본존은 문수보살이다. 지금부터 문수보살 심주인 '옴 아라바 쟈나디'를 십만 독 이상 하여라."

집으로 돌아온 나는 다음날부터 열심히 문수보살 심주를 염송했다. 이십만독이 넘어가던 날 잠자리에 든 나는 정수리에 물이 흘러내리는 듯한 청량함을 느꼈다. 문득 침대에서 일어나 앉아 머리를 만져보니, 실제로 물이 없었는데도 물이 이마까지 흘러내리는 듯한 느낌이 너무도 선명했다. 나도 모르게 혼잣말로 중얼거렸다.

"어머나, 문수보살이 오셨네. 감로로 관정수기를 주시네."

그 이후 나는 기억력이 현저히 좋아지는 것을 느꼈고, 그 덕분인지 대만에서 석사학위를 받을 때까지 공부가 어려운 줄을 몰랐다. 그때 만났던 린포체는 달라이라마와 같은 계열인 겔룩파의 환생자였는데 바쁜 유학생활로 계속 찾아뵙지는 못했다.

평소 유난히 무술을 좋아하고 태극권 등 기공을 연마하던 나는 도가의 배꼽불 수련 등에 관심이 많았다. 출가한 비구니로서 '불교에서도 배꼽불이나 단전에 모이는 기운에 의지해 공성과 지혜를 증득할 수 있는 법이 있다면 얼마나 좋을까' 하고 안타까워했다.

그러던 어느 날 서점에서 우연히 『나로빠 육성취법』이라는 책을 발견했다. 그 책에는 평소에 내가 하고자 했고, 알고 싶었던 수행의 구체적인 내용들이 실려 있었다.

나는 잠시도 그 책을 손에서 놓지 않았다. 심지어 안고 자고 아침에도 안고 일어났다. 그러나 이러한 수행법이 지금도 전수되고 있는지, 전수하는 성취자가 있는지 알 길이 없었다. 나는 마음속으로, '만약, 이 수행이 실제로 전수되고 있고, 성취한 선지식이 있다면 내 일생을 바쳐서라도 반드시 그 법을 전수받고 수행하리라' 원력을 세웠다. 불보살님께도 인연을 속히 만날 수 있게 해달라고 기도했다.

어느 날, 티베트불교에 심취해 인도에 자주 다니던 스님이 '인도에 함께 가보지 않겠느냐'고 제의해 왔다. 평소에도 부처님의 나라 인도에는 꼭 가보고 싶었지만, 낯선 곳이어서 엄두가 나지 않았던 터였다. 나는 무조건 따라나섰다.

부처님께서 성도하신 보드가야에 도착하니 부처님의 자취가 사실적으로 느껴졌고, 거룩한 성자의 에너지와 고요한 열반락이 그대로 나를 감쌌다. 보드가야 대탑에는 세계 각국의 불교도들이 각자의 풍속대로 부처님에 대한 신심과 헌신의 예를 올리고 있었다. 새삼 부처님이 얼마나 위대한 존재인지가 느껴졌다.

부처님의 금강저金剛杵가 보드가야 상공에 있다고 전해져

오는, 불교의 최고 성지 보드가야에서 신심과 환희심으로 안양 린포체의 포와수행 법회에 참석하며 보름을 보냈다. 그리고 나서 달라이라마를 따라 북인도의 다람살라로 왔고 곧이어 따시종에 정착했다.

라마들의 춤인 '참'댄스의 근원지라고 소개되는 따시종의 캄바카 사원은 나로빠 육성취법을 전수하는 수행도량이다. 그리고 수행자들을 지도하는 독댄 암틴 구루는 문수보살의 분노존인 야만타카 수행의 성취자이다. 따시종의 도량은 다섯 분의 문수보살이 상주하는 문수보살의 성지로 티베트 사람들에게 알려진 곳이다.

문수보살과의 특별한 인연 때문인지 나는 따시종 도량에서 고향에 돌아온 듯한 편안함을 느꼈다. 그리고 내 영혼의 스승이 된 암틴 구루와는 은혜로운 아버지와 마음의 딸이 되는 깊은 인연을 맺게 되었다.

나는 무상요가부의 본존수행인 야만타카 수행을 전수받고, 본존 무문관을 통해 야만타카와 불모이신 둑딕마의 가피를 입게 되었다.

최근에 통역하게 된, 달라이라마의 왕사 링 린포체와도 특별한 인연과 친숙함을 느꼈는데, 그분도 바로 전생에 문수보살의 분노존인 야만타카 수행의 성취자였다고 한다. 링 린포체는 얼마 전 한국을 방문하면서 문수보살의 심주인 '옴 아라바쟈나디' 만트라를 전수했는데, 많은 불자들이 신심을 내었다.

자신의 본존을 알고 수행할 수 있는 인연을 만난 나는 누구보다도 행운이라 생각한다. 물론 누구나 모든 불보살님들께 신심을 낼 수 있고, 신심을 내고 기도한다면 그분의 가피로 업장이 소멸되고 본연의 지혜가 드러날 것이다.

하지만 근기가 약한 우리에게 특별한 본존과의 인연을 갖게 해주는 이러한 방편은, 산만하고 의심 많은 나를 쉽게 문수보살님께 신심 나게 해주었고, 그분을 통해 평탄한 수행의 길을 갈 수 있도록 해주었다.

미미와 야야

아직 젖을 물려야 하는 새끼를 두고 강한 짐승에게 어쩔 수 없이 잡혀먹힐 수밖에 없는 운명을 감지한 어미고양이가 새끼들을 맡아 달라며 방문 앞에서 그토록 간절하게 밤새 애원했나 보다.

티베트불교에서 가장 중요시하는 덕목은 보리심이다. 그래서인지 티베트 사람들은 아기 때부터 중생들을 불쌍하게 여기는 품성을 자연적으로 기르게 된다.

그들은 유난히 동물을 사랑한다. 내가 다람살라에 처음 왔을 때, 티베트 사람들이 자신이 먹던 밥그릇에 음식을 담아 개나 고양이에게 내미는 것을 보고 아연실색한 적이 몇 번 있었다. 어려서부터 동물과 인연을 맺지 못한 탓인지 나는 동물에 대한 사랑이나 자비심을 전혀 느껴보지 못했다.

따시종에 왔을 때 구루 암틴의 방 앞에는 고양이들이 대여섯마리씩 먹이를 기다리거나 스승의 옷을 걸쳐놓은 의자에 누워자고 있기가 일쑤였다.

문을 빼꼼히 열고 '야옹'거리는 고양이들을 보고 암틴은 "저놈들이 또 배가 고프구나" 하면서 고기 덩어리를 던져주곤 했다.

암틴은 티베트 히말라야 설산에서 홀로 10여 년 동안 동굴 생활을 하며 새를 비롯한 여러 동물들과 친했고, 동물들의 생태나 습관에 대해 잘 알고 있었다.

"짐승들도 우리와 형상을 달리하고 있을 뿐이지, 마음은 다 똑같아 생각하고 느낄 줄 안다."

❀

어느 날 어미고양이 한 마리가 구루 암틴의 옷자락을 물고 따라오라는 시늉을 하며 앞장섰다. 앞서가면서도 스승이 따라오는지 뒤를 자주 확인하며 가다가, 새끼가 죽은 곳에서 멈추었다. 어미고양이는 새끼와 구루를 한 번씩 번갈아보며 안타깝고 애처로운 소리를 냈다.

자세히 보니 뱀을 잡아먹는 몽구스가 새끼를 물어 죽인 것이었다. 구루는 새끼를 위해 어미고양이가 보는 앞에서 천도 염불을 해주고, 잘 묻어준 다음 어미고양이를 위로해주었다.

❀

어느 날 구루의 집에 가니 암틴이 무릎 위에 뭔가를 싸서 조심스럽게 손으로 덮고 있어 무엇인지 물었다.

"쥐새끼 네 마리가 추위에 얼어죽으려 하기에 따뜻하게 해주려고."

동물과 사람을 평등한 마음으로 애민히 여길 수 있는 것에 탄복스럽기는 했지만, 나에게는 전혀 실감나지 않는 이야기였다.

3년이라는 세월 동안 구루를 모시고 수행하는 사이에 닝마파의 무상요가부 수행인 야만타카 수행을 전수받게 되었다.

암틴은 이 수행의 유일한 성취자이자 전승자였는데, 본존 야만타카는 유난히도 동물을 사랑하여 당신께서 '야만타카의 본존 무문관을 하게 되면 반드시 동물들을 집안에 들여놓는다'고 하였다.

그래서인지 내가 무문관을 시작하기 전날, 수행하던 중에 선정 가운데 몸이 붉은 9척 장신의 큰 남자 하나가 각종 동물을 끌고 우리 집으로 들어오는 것이 보였다. 그런데 다음날 검은색 뱀 한 마리가 베란다로 들어오더니 나무더미 밑으로 들어갔다. 몽구스도 새끼 두 마리를 입에 물고 담 안으로 들어왔다. 동물들의 방문은 그날 밤까지 이어졌다.

유난히도 비바람이 불어대는 밤이었다. 어디서 나타났는지 어미고양이가 새끼고양이 두 마리를 입에 물고 방문 앞에 와서 너무도 간절한 소리로 애원하듯 울었다.

따시종 근처에는 우기철과 겨울철이 되면 표범들이 먹이로 고양이를 차례로 물어가곤 한다. 고양이들은 동료들이 한 마리씩 죽어갈 때마다 자신의 차례가 다가올 것을 알고는 공포에 떨었다.

그날 밤 어미고양이 역시 자신의 차례가 다가온 것을 아는 것 같았다. 아직 젖을 물려야 하는 새끼를 두고 강한 짐승에게 어쩔 수 없이 잡혀먹힐 수밖에 없는 운명을 감지한 어미고양이가, 새끼들을 맡아달라며 내 방문 앞에서 그토록 간절하게 밤새 애원했나 보다.

나는 계속해서 울어대는 어미고양이에게 '새끼고양이를 키울 마음도 경험도 없다. 다른 곳으로 데리고 가라'고 말했다. 하지만 어미고양이는 아랑곳하지 않고 애절한 눈빛으로 나를 올려다보며, 새끼 두 마리를 방문 앞에 두고간 뒤 다시 나타나지 않았다.

다음날 새끼고양이를 살펴보니 아직 젖도 떼지 않은 상태였다. 태어난 지 겨우 십여 일 남짓하여 암수도 구별되지 않을 정도였고, 우유조차 스스로 핥아먹지 못했다.

고민 끝에 티베트 사람들에게 물으니, 바늘을 뺀 주사기에 우유를 넣어 먹여주라고 했다. 나는 고양이 새끼를 키우고 싶은 마음이 전혀 없었기 때문에 스승님께 대책을 여쭈었다. 그러자 암틴은 농담섞인 말을 던졌다.

"너희가 돌보지 않으면 그대로 죽기 십상인데, 그러면 마을 사람들이 한국 비구니 스님 둘이서 새끼고양이들을 만두로 빚어 먹었다고 놀릴지도 모른다."

그 말에는 우리들 마음속에 얼마나 자비심이 부족한지를 은근히 질책하는 것 같았다. 그날 밤 나는 갈등 속에 잠이 들었고 이상한 꿈을 꾸었다.

❀

마을 사람들이 모여 웅성거리고 있었다. 한 사람이 여자 아이 둘을 가리키며 걱정스럽게 말했다.

"엄마가 죽었는데 저 아이들이 앞으로 어떻게 살아야 할 까…."

그런데 여자아이 둘 중 영리하게 생긴 한 아이가 다가와 내 손을 꼭 잡고 애원했다.

"우리 엄마가 죽었으니 저희를 다른 곳에 보내지 말고 스님 집에서 살 수 있도록 해주세요."

하지만 두루뭉술하게 생긴 다른 아이는 아무렇지 않다는 듯이 문에 기대어 서 있었다. 아침에 잠에서 깨어나 함께 사는 도반스님에게 꿈 이야기를 들려주며 말했다.

"이 고양이들은 암놈인가 본데, 우리 집에서 살게 해달라고 애원하는 것 같습니다." 그렇게 하여 고양이 두 마리는 나의 야만타카 본존 무문관 수행과 기도를 '호관護關'하는

권속이 되어 함께 살게 되었다. 호관이라 한 이유는 다음과
같다.

　인도의 우기철은 매우 후텁지근해 사람을 찌뿌둥하고 가
라앉게 한다. 그런 날씨에 하루 열 시간 이상 졸지 않고 앉
아 정진한다는 것은 결코 쉬운 일이 아니다. 더구나 호관을
맡은 도반스님의 역할은 더 더욱 수월하지가 않다.

　비를 맞으며 일주일에 한 번씩 시장에 가서 공양물과 반
찬거리를 사와야 하는 일이, 고지대에 사는 우리에게는 여
간 번거롭고 힘든 것이 아니었다.

　그런데 새끼고양이가 자라는 모습과 재롱 속에서, 두 달
동안의 야만타카 본존 무문관은 빠르고 생기있게 지나갔
다. 비로소 나는 야만타카께서 보내 준 선물이라 하여, 한
놈은 '야야'라 이름짓고, 한 놈은 티베트어로 고양이라는 뜻
을 따서 '미미'라 이름했다. 작명까지 마친 뒤에도 나는 여전
히 새끼고양이에게 아무런 애정이나 자비심을 느낄 수가 없
었다.

　그러던 어느 날, 도반스님이 시장에 나간 사이에 기도를
끝내고 올라와 보니, 새끼고양이 두 마리가 나를 보자마자
배가 고픈지 밥을 달라고 아우성이었다. 나는 귀찮은 생각
에 두 마리를 조그만 바구니에 담아 옥상으로 올라가서 한

쪽에 놓은 뒤, 태극권을 시작했다.

한참 몰두하고 있는데 갑자기 놀란 미미가 바구니 속으로 뛰어들어왔다. 느낌이 심상치 않아 야야를 불러보았지만, 나타나지 않았다. 지붕에 심어 놓은 호박잎 밑을 살펴보았다. 야야는 어디에도 보이지 않았다.

설마하고 2층 아래 시멘트 바닥을 내려다보니, 야야가 아래로 떨어져 납작해져서, 생똥을 사방에 흐트러놓고 기어다니며 신음하고 있었다. 나는 너무도 끔찍하고 참혹한 정경에 어떻게 해야 할지 몰랐다.

이웃에 호관을 담당하고 있던 라마에게 도움을 청했다. 라마는 야야를 보더니 살 수 없을 것이라고 했다. 나는 우선 청심환과 가피환을 갈아 술에 타서 먹인 후 방으로 옮겨놓고 도반스님 오기만을 기다렸다.

도반스님이 온 뒤 야야를 맡겨놓고 기도처로 돌아와 기도를 하려 하니 만감이 교차했다.

'수행의 성취상이라는 것이 공성을 증득하고 자비심을 증장시켜 일체 중생과 하나인 동체대비同體大悲를 깨닫는 것이라 했는데…, 나의 인색한 마음과 무자비함이 그대로 증명되는 순간이었다. 한없는 양심의 가책이 마음을 괴롭혀 부처님께 간절히 기도를 올렸다.

"부처님께서 정말 영험하시다면, 기도 중에 나의 실수로 인해 생명체가 죽어나간다는 것은 있을 수 없는 일입니다."

도반스님과 나의 정성, 부처님의 가피 덕분인지 야야는 일주일만에 다리를 펼 수 있었다. 이 일이 있은 후부터 나는 고양이의 배가 고플세라 밥을 주었다. 그래서인지 야야는 곱추에다 유난히 뚱뚱한 기형적인 몸매가 되었고, 음식을 조금만 많이 먹으면 토하기 일쑤였다.

특히 고기를 잘 소화시키지 못했으며, 티베트 사람들이 좋아하는 '추라'라는 치즈와 '짬바'라는 보릿가루, 그리고 버터를 섞어 만든 '촉'을 좋아했다.

나는 야야를 통해 불구의 자식을 바라보는 어머니의 심정을 충분히 헤아릴 수 있었다. 미혼에 자식을 낳아보지 못한 탓에 그때까지 한 번도 어머니의 마음을 이해할 수 없던 나였다.

야야가 겨우 자유롭게 활동할 수 있게 되어 한시름 놓고 있는데, 어느 날 가끔 일가족을 이끌고 단체로 방문하던 어미 몽구스가 잠시 한눈 파는 사이에 야야의 목덜미를 물고 대문 밖으로 내달렸다.

도반스님의 자지러지는 비명소리를 듣고 옆집에 살던 인도 사람들까지 뛰어왔다. 그 소리의 에너지가 얼마나 강했는지 어미 몽구스는 너무 놀라 야야를 떨어뜨리고는 도망쳐버렸다. 그 이후에도 작은 한 생명을 지키기란 쉽지 않았다. 이를 두고 스승은 말했다.

"항상 제행이 무상하여 죽음이 언제 닥칠지 모르고, 죽음에 이르게 하는 요인이 되는 인연은 너무도 많다."

나는 새끼고양이 두 마리의 생명을 지키며, '언제 저 나약한 생명이 눈앞에서 사라질지 모른다'는 초초함을 피부로 느꼈다.

그 후 나는 야야가 자비심을 일깨워 주기 위한 야만타카의 화현으로 온 것이라는 믿음이 들었다. 그래서일까, 어느 날 밤 꿈에 고양이처럼 생긴 까만 옷을 입은 동자가 나를 '엄마'라고 부르더니, '화신의 임무를 수행하기가 너무 힘들다'며 하소연하였다. 이후로 나는 야야를 누구에게나 내 딸이라고 소개하였다.

그렇게 1년 남짓 지났다. 고양이 두 마리를 집 안에서 키우자니 대소변 냄새가 여간 아니었다. 생각 끝에 목수를 시켜 큰 나무상자로 집을 잘 만들어 밖에서 재우기로 결정했다.

그날 밤 꿈을 꾸었다.

작은 바구니에 담겨 어깨동무를 하고 있는 미미와 야야

✿

미미와 야야는 말쑥한 소녀의 모습으로 꿈에 나타났다.
나는 미미와 야야에게 말했다.

"이제부터 너희들은 밖에서 자는 것 낫겠구나." 그러자 그
들은 화난 목소리로 말했다.

"처음부터 잘해 주지를 말지, 이제 와서 나가라고 하면 어
떻게 해요?"

그러더니 물건을 마구 부수는 시늉을 했다.

미미와 야야를 안고 있는 필자

　미미와 야야는 나무상자 집에서 하루이틀 자고는 절대로 밖에서 자려 하지 않았다. 방 안에 들여넣어 줄 때까지 집 주위를 맴돌며 소리를 내고, 때로는 물건을 하나씩 떨어뜨려가며 관심을 끌었다.

　할 수 없이 밖에서 재우기를 포기하고, 저녁 때가 되면 어김없이 방에서 기도를 같이 하고 잠을 재웠다. 새벽에는 함께 야만타카 무문관과 암틴의 집을 한 바퀴 돌고서 밥을 먹었다.

특히 야야는 하루에 한 차례씩 야만타카 법당에 올라가 삼귀의를 하면서 절을 시키는데, 한 번도 싫어하는 기색없이 눈을 꼭감고 시키는 대로 따라 했다.

내가 아래에 있는 큰 절에 내려갈 일이 있으면, 함께 내려가 볼 일을 다 보고 돌아올 때까지 숲 속에서 기다리다가, 발자국 소리가 나면 너무나 기쁘게 달려왔다.

그리고는 알아들을 수 없는 소리로 많은 이야기를 하면서 반가움을 표시했다. 가끔 내가 한국에 2~3개월씩 머물다가 돌아오면 멀리서부터 내 목소리를 알아듣고 너무도 반갑게 뛰어와서 많은 이야기를 하였다.

본래 동물들을 사랑하는 암틴은 야야가 항상 나를 따라다니고, 아침이면 꼭 당신에게 와서 추라(티베트 치즈)를 얻어먹으며, 내가 당신의 뜸을 다 뜰 때까지 차분하게 기다리는 모습을 너무나 대견하고 신기해 하며 귀여워했다.

내가 한국에서 돌아올 때마다 암틴은 제일 먼저 야야에 대해 물었다.

"야야가 너를 기억하고 반가워하더냐?"

사람들은 야야가 개보다도 더 주인을 따르고 알아본다며 신기해 했다.

따시종 근처에는 표범과 시라소니가 항상 고양이들 생명

을 위협했다. 야야는 다친 이후 위장이 좋지 않아, 거의 보름씩 음식을 먹지 못한 채 토했다. 나는 언제 야야의 생명이 끝날 것인지 항상 불안한 마음으로 지켜보았다.

오후에 기도할 때면 야야는 항상 나와 함께 법상에서 기도하곤 했다. 그래서인지 어느 날 나는 미미와 야야를 데리고 성지순례를 가는 꿈을 꾸었다.

❀

성지순례 도중 갑자기 미미와 야야가 보이지 않았다. 그리고 티베트 비구니 스님과 함께 동자 라마승 둘이 내 앞에 나타났다. 나는 비구니 스님에게 물었다.

"스님, 미미와 야야가 어디 갔는지 아십니까?"

"이 스님들이 바로 미미와 야야입니다."

다음날 스승에게 꿈 이야기를 하자, 스승은 환한 모습으로 말했다.

"미미와 야야가 내생에는 티베트 라마승의 몸으로 환생하려나 보구나."

인도에 와서 스승을 시봉하며 티베트불교를 수행하는 과정에서 받은 가장 큰 선물을 뽑으라면, 무엇보다도 미미와 야야라고 하리라.

다른 사람이 보기에는 하찮은 새끼고양이에 불과하겠지만, 내게 보리심의 씨앗을 성장하게 해주고 생명의 무상함을 여실히 깨닫게 해준 미미와 야야! 그 둘은 나에게 '동물도 사람과 다름없이 평등하고, 마음이 서로 통할 수 있다'는 동체대비의 교훈을 안겨 주었다.

한 국 에
전 해 진
티베트불교

한국에 전해진 샹빠까규

샹빠까규의 법을 받기 위해 한국에서 온 내게
까루린포체의 사인이 있는 백마하깔라 탕카를 주면서
한국에서도 샹빠까규의 법이 전수되기를 발원하다.

북인도 따시종에서 둑빠까규 법맥과 닝마파 법맥의 두 전승의 법을 보유한 구루 요기 암틴을 모시고 수행하던 중, 무슨 영문인지 마음이 안정 안되고 자꾸 밖으로만 향하는 것을 느꼈다. 그러던 어느 날 그동안 잊고 있었던 까루 린포체가 문득 꿈에 나타나 '이제는 네가 나에게 돌아올 때가 되었다' 하며 홀연히 사라졌다.

근황을 알아보니 까루 린포체는 무문관 수행을 마치고 보드가야 까규몬람에 참석중이었다. 때마침 나도 보드가야에서 까르마빠존자님께서 주관하는 까규몬람(전생 까루 린포체가 처음 시작한 까규파기원대법회)에 신도들 20여 명과 참석했다. 까루 린포체가 오셨다는 소식에 단숨에 묶고 있는 호텔로 찾아뵈었다. 까루 린포체도 반색하며 맞아주고 한국불자들과 함께 보드가야 호텔에서 환희로운 만찬도 선사했다.

그 후 까루 린포체는 대만을 첫 기점으로 본격적인 전법 활동을 시작했다. 나는 대만에 가서 샹빠전승의 대관정과 마하깔라 수행과 오본존요가, 수까시띠 장수관정을 전수

받았다. 법회선열에 가득찬 나는 한국불자들에게도 샹빠의
법맥이 전수되기를 바라는 마음이 갈수록 커졌다. 이란 지
역에서 백마하깔라 관정을 받았는데, 그 법회의 설판공덕
주를 한 젊은 아가씨 불자가 내가 샹빠까규의 법을 받기 위
해 특별히 한국에서 온 것을 알고, 공덕주에게 증여한 백마
하깔라탕카(까루 린포체의 사인이 있는)를 나에게 주면서 한
국에서도 샹빠까규의 법이 전수되기를 발원한다고 말했다.
이러한 염원들에 힘입어 나는 까루 린포체 스승님께 한국
에 오셔서 한국불자들에게 샹빠의 법맥을 전수해주실 것을
정중히 청했다. 스승은 흔연히 수락하고 기초사가행은 내가
전수해도 된다는 인증도 해주었다.

　그 무렵 법등사는 겨우 대웅전과 요사채만 완공한 상태
였다. 까루 린포체를 모시기 위해서는 먼저 법회장소와 숙
소를 마련해야 했고, 법을 받으려면 티베트어로 된 법본들
의 한글화 작업도 필요했다.

　하나는 경제력이 필요한 부분이고 하나는 티베트어와 밀
교에 대한 전문지식이 필요했다. 당시 내 주변에는 누구 하
나 도와줄 수 있는 인연이 없었다. 그러나 까루 린포체를
모시고 샹빠까규의 법맥을 전수하겠다는 일념으로 3개월
만에 티베트문화원을 완공했고 늑네수행 법본을 비롯해 샹

1대 까루 린포체(1904~1989)

빠까규 기초사가행 법본과 마하깔라 기도법본, 전생 까루 린포체가 직접 썼다는 관세음보살 기도법본, 니구마육법 전승기원문, 스승님께 간절히 호소하는 기원문, 티베트어 본 보현행원품 등이 미진하나마 법회에 사용할 수 있도록 만들어졌다.

한국을 방문한 까루 린포체와 일행들

　지금 생각해 보면 티베트문화원 건립은 목수들이 짓기 때문에 티베트불교에 대한 내 조언이 필요하지만, 티베트법본은 티베트어와 한국어 발음과 뜻풀이를 포함한 법본을 혼자 힘으로 만드는 일이 정말로 힘겨웠던 것 같다. 그러나 이 모든 일들이 불사성취의 본존인 마하깔라본존과 스승님의 가피로, 상상했던 것보다 훨씬 더 빠르고 수승한 모습으로 완성되었다.

티베트불교를만나다

2010년 9월 마지막 날 까루 린포체 일행이 한국에 도착해 법등사 티베트문화원을 보고는 3개월만에 너무나 여법하고 훌륭한 법회장소와 숙소를 마련했다며 함께 온 라마들은 놀라움을 금치 못했다.

10월 1일부터 2박 3일간 100여 명의 국내외 불자들이 템플스테이를 하면서 뇨네수행과 샹빠까규의 관정을 받는 법석이 시작되었다.

샹빠까규의 전승과 법맥

상빠의 법맥은 종종 비밀전승으로 언급되는데 그것은 지금강불니구마에서 시작해 제칠대에 이르기까지 단 한 사람의 제자에게만 가르침을 전하라는 니구마의 교시가 있었기 때문이다.

2010년 10월부터 한국불교 역사상 처음으로 정통 밀교인 샹빠까규전통의 법석이 마련되었다. 그 법맥의 보유자이며 까규파 법맥의 최고 성취자인 까루 린포체 환생자로부터 샹빠전승의 관정과 함께 법이 전수되었다. 샹빠까규는 다키니가 수호하는 전승이라서 청정하고 오염되지 않았으며, 전승조사들이 다 10지보살 이상이고, 제자가 스승보다 더 출중하리라는 예언이 있다는 말씀은, 모두에게 청정한 신심을 일어나게 했다.

티베트불교 4대종파의 하나인 까규파는 샹빠까규와 마루빠까규 두 원류가 있다. 마루빠까규는 마루빠에 의해 세워진 법맥이다. 샹빠까규는 11세기 티베트의 대학자이자 영적 스승인 '콩뽀날졸'(Kyungpo Naljor)에 의해 세워진 법맥이다. 샹빠까규 창시자인 콩뽀날졸은 일곱 차례 네팔과 인도에 가서 많은 위대한 스승들로부터 법을 전수받는다. 인도에서 4분의 근본스승님과 13분의 수승한 전승을 보유한 스승님, 150명의 상당한 깨달음의 경지에 오르거나 교리에 통달한 스승님들로부터 법을 전수받았다고 전해진다. 그 가운데 두 근본스승님인 여성성취자 니구마와 수카싯디로부터 법을 전수받고 티베트로 돌아와, 상승지방에 수백 개 사원을 건립하고 수천 명의 제자를 길러내고 법을 전수했다. 그래서 상승지방의 지명을 따서 샹빠까규라 이름했다.

콩뽀날졸은 니구마와 수카싯디로부터 받은 가르침을 그의 제자 중에서 단 한 사람, 목촉 린첸 췬두(Mokchok Rinchen Tsondru)에게만 전수했다. 샹빠의 법맥은 종종 '비밀전승'으로 언급되는데, 그것은 지금강불 '니구마'에서 시작해 제7대에 이르기까지, 단 한 사람의 제자에게만 가르침을 전하라는 (니구마의) 교시가 있었기 때문이다.

샹빠의 제자들은 다끼니 수카싯디로부터 전수된 육성취법과 마하무드라, 니구마로부터 전승된 황금5법, 마이뜨리야로부터 전수된 육비마하깔라 수행법, 도제덴바로부터 전해진 무상요가부의 오본존요가, 라훌라로부터 전수된 사본존요가를 주로 무문관에서 수행해왔다.

환생자 까루 린포체는 대만에서 샹빠대관정을 전수하고, 육비마하깔라 수행과 사본존요가와 오본존요가를 전수하였다. 한국에서도 샹빠까규 기초사가행과 늑네수행, 사본존요가와 육비마하깔라 회공법, 쬐수행 등을 전수하였다.

다끼니 수카싯디와 니구마

샹빠꺄규 전승은 여성수행 성취자로부터 전수된 다끼니 전승이라고 한다. 수카싯디는 북인도 캐시미르지역의 가난한 여인으로 3남 3녀를 둔 어머니였다. 그녀는 본성이 착하고 보시하기를 좋아했다.

가족들이 그녀만 집에 남겨두고 사방으로 먹을 것을 찾아 떠난 사이 한 걸인이 걸식 하러 왔다. 그녀는 조금 남은 마지막 식량을 그에게 주었다. 남편과 자녀들이 음식을 구하지 못하고 빈손으로 돌아와보니, 마지막 남은 식량까지 거지에게 준 것을 알고 그녀를 쫓아내버렸다.

그녀는 캐시미르 지방을 떠나 서쪽방향에 있는 우디야나 지역으로 가서, 맥주를 만들어 팔면서 생계를 유지하고 있었다. 그런데 요가수행자로 보이는 한 여인이 자신의 스승님께 바친다며 매일 맥주를 사러왔다. 그녀에게 위대한 비루바 스승님을 위해 맥주를 산다는 이야기를 듣고 돈을 받지 않고 최상의 술을 공양했다. 이 사실을 안 비루바는 그녀에게 수행에 필요한 완전한 관정과 생기차제, 원만차제의 밀법을 전수했다.

수카싯디는 관정을 받자마자 무지개몸을 성취했고 바로 지혜의 다끼니로 변신했다. 이때 그녀의 나이는 61세였는데

16세의 아름답고 젊은 소녀의 모습으로 바뀌었다고 전해진다.

상빠까규의 창시자 콩뽀날졸은 니구마, 라훌라, 함께 4분의 근본스승님 중에서 가장 자애로운 수카싯디로부터 관정과 육성취법 등 중요하고 수승한 밀법을 전수받았다. 수카싯디는 상빠까규전승을 전수하고 번창시킨 주요 스승으로 추앙받는다.

니구마 이야기

니구마는 수카싯디와 같은 시대에 살았던 여성 성취자로, 까규파의 전승조사인 나로빠의 여동생이라는 설도 있고 부인이라는 설도 전해진다.

구전되는 이야기 중에 나로빠 부인에 관한 설화가 있다. 나로빠는 인도 작은 왕국의 왕자였다. 일찍이 수행에 뜻이 있어 결혼하지 않고 수행자가 되려 했으나, 부모님 뜻을 거절 못하고 바라문 가문의 딸인 니구마와 결혼한다.

결혼생활이 6년 정도 지난 후에 부인인 니구마에게 수행자의 길로 갈 뜻을 말하니, 지혜로운 니구마는 자신의 허물을 만들어 소박 놓게 하였다. 그리고 나로빠가 수행을 성취하면 그녀에게 성취법을 전수하겠다는 약속을 받았다. 훗

날 나로빠 육성취법과 같은 계통의 니구마육성취법을 전수
했고, 샹빠까규의 주된 수행으로 전해졌다. 샹빠까규 전승
에는 황금5법이 있는데 그 법을 나무로 비유하여 니구마육
법은 나무뿌리에 해당한다.

샹빠까규전승에서는 니구마가 나로빠의 여동생으로 소개
된다. 그녀는 숙세에 무량한 수행으로 선근을 닦았으므로
현생에 이미 깨달음을 증득한 한 명의 스승을 만나 법을
전수받고 신속하게 깨달음의 경계를 성취했다.

그리고 바로 오염된 육신으로 허공으로 날아올라 청정하
고 아름다운 몸으로 바꾸었다고 한다. 이러한 청정한 신구
의 삼문으로 지금강불을 친견하고 금강승의 휘황찬란한 만
다라 속에서 완전한 네 가지 관정을 받았다.

이어서 현교와 밀교의 모든 가르침과 구전 등을 다 아는
지혜를 증득했다고 전한다. 그녀는 이미 10지보살의 과위를
증득하고 견사혹見思惑의 미세한 번뇌를 소멸해 부처의 삼신
을 증득하였다.

그녀의 가장 중요한 제자가 바로 샹빠전승을 창시한 콩뽀
날졸이다. 니구마는 티베트에서 인도로 와서 그녀에게 완전
한 전승의 법을 구하는 콩뽀날졸에게 관정을 주시면서 약
조했다고 한다. 콩뽀날졸 본인뿐만 아니라 그의 모든 제자

티베트 팔퐁사원

들과 신도들까지도 다끼니의 가피를 받는 행운을 갖게 될 것이고, 깨달음을 증득한 성자를 만나서 원만한 해탈을 성취하게 될 것이라고 약속했다.

니구마는 찬란한 만다라에서 콩뽀날졸에게 네 가지 관정을 수여하고, 가장 심오한 밀법과 구전, 수승한 교리가 담긴 불법의 경전 등을 남김없이 전수했다. 니구마가 전수한 구결은 근기를 갖춘 제자가 한 생에 깨달음을 증득할 수 있는 것이다. 그녀는 콩뽀날졸에게 그의 모든 제자와 샹빠전승의 법을 수지하는 수행자들은 모두 다끼니 정토에 가게 될 것이라고 허가했다.

전승의 수승함을 보호하고 지키기 위해 니구마는 7대까지는 오직 한 사람에게 1 대 1로 직접 전수하라고 요구했다. 그때부터 지금까지 니구마는 중생들을 이익케하기 위해 여러 모습과 방식으로 계속해서 시현했다. 특히 샹빠까규전승의 법맥을 수행하는 제자들을 큰 자비로서 가호하고 있다고 한다.

깔마까규의 대표사원 중에 하나인 팔풍사원 무문관에서는 니구마 6법을 전수하고 수행한다. 이 법은 제1대 까루 린포체로부터 전수되었는데, 까루 린포체가 직접 무문관 수행자들을 지도했다고 한다. 제16대 까르마빠존자님께서는 까르마빠의 제자들이 샹빠까규전승의 법을 받기를 원해서 룸택사원에서 니구마육성취법을 비롯한 샹빠의 법을 전수하고 수행하도록 했다고 한다.

천수천안 관세음보살의 화현, 달라이라마

관세음보살이라고 추앙받는 달라이라마와
같은 시대에 살면서 친견하고 공양하지 못하고
생을 마친다면···

티베트 사람들은 본래 동물들의 날고기를 먹는 나찰의 후예였다고 한다. 그런데 자비의 종교인 불교를 인도에서 받아들이면서 대자대비의 본존인 관세음보살의 후예로 바뀌어서 모태에서부터 관세음의 만트라인 옴마니뻬메훔을 염송하며 출생한다고 그들 스스로 이야기한다. 그래서인지 환생자 린포체들 가운데에 유난히 관세음보살의 화신이라는 분들이 많다. 대표적인 분이 달라이라마이다.

티베트의 상징이자 정치적 왕인 달라이라마는 천수천안 관세음보살의 화신으로 추앙된다. 티베트 망명정부가 있는 북인도 다람살라에는 달라이라마를 친견하고 가르침을 받기 위해 전 세계에서 모여든 외국인 불자들로 북적인다. 그들 각자는 나름대로 달라이라마로부터 가피를 입은 한 가지 이상의 영험담이 있다. 그래서 그들은 달라이라마 왕궁이 있는 다람살라를 관음성지라고 부른다.

어느 해 여름 나는 동국대학교에서 불교학을 가르치는 교수로부터 한 통의 전화를 받았다. 그분은 어린 나이에 동진으로 출가해 오직 관세음보살만을 의지해 평생 동안 중

달라이라마 존자님과 한국 스님들(맨 왼쪽이 필자)

노릇을 했다고 했다. 그런데 관세음보살이라고 추앙받는 달
라이라마와 같은 시대에 살다가면서 그분을 친견하지 못하
고, 공양도 못하고 생을 마친다면 너무나 큰 유감이 될 것
같다며, 관세음보살인 달라이라마를 꼭 친견하고 싶다고 했
다. 곧 시작될 여름방학에 꼭 친견하고 싶다며 간곡히 부탁
했다. 나는 대만 유학시절 보살핌을 입은 스님의 은혜에 보
답하기 위해서라도 꼭 친견할 수 있도록 달라이라마 비서

실을 통해서 허락을 받았다.

동국대학교와 중앙승가대학 교수 스님들과 신도 몇 명이 달라이라마를 친견하기 위해 인도로 출발했다. 우리 일행은 달라이라마 왕궁 앞에 위치한 티베트정부 영빈관격인 호텔에 머물렀다. 나는 인도의 더운 여름과 우기철 날씨에 대한 부담감과 큰마음으로 공양을 준비한 스님들 나름의 기대와 소망에 부응하지 못할까 하는 노파심과 부담감에 잠을 설쳤다.

다음 날 새벽 비몽사몽간에 달라이라마께서 우리 호텔로비에서 우리 일행들을 한 사람씩 포옹해주는 것이 내 눈에 보였다. 일행들이 아침식사를 위해 식당에 모였을 때, 나는 확신에 차서 새벽에 존자님께서 오서서 우리 일행을 다 포옹해주셨으니, 여러분들이 원하는 소망을 다 성취하게 될 것이라고 말했다. 일행 중 강남에서 부동산컨설팅을 하는 처사님은, 요즘 사업도 어렵고 가정불화도 있는데, 존자님을 친견하고 가피 받고자 하는 간절한 마음을 호소했다. 존자님과 단둘이 사진을 찍어서 본인 사업장에 놓기를 희망했다.

젊은 여성 불자는 요즘 신행생활의 슬럼프로 신심이 떨어졌다. 그러니 신심을 다시 일으킬 만한 글을 존자님의 싸인과 함께 받아달라며 책 한권을 주었다.

보안절차를 거친 우리는 달라이라마 왕궁으로 존자님을 친견하러 갔다. 왕궁에는 전 세계에서 존자님을 친견하러 온 인파들이 곳곳에 보였다. 사무실 안내된 의자에서 1시간 남짓 기다렸을 때 존자님께서 문쪽으로 모습을 드러냈다. 존자님은 경호원에 둘러쌓여 누구도 가까이 다가갈 수 없었다.

내가 미처 우리 일행을 소개하기도 전에 존자님께서 우리 일행을 한번 둘러보더니 곧바로 강남의 부동산처사에게 다가갔다. 처사의 손을 잡고 다정한 포즈를 취하고는 '카메라맨! 사진 찍으시오' 하고 손짓을 했다.

존자님께서는 스님들과 담소를 나누고 각자 가져온 불상과 염주 등에 가피를 내렸다. 또 몇몇 사람들은 책과 사진 등에 존자님 싸인을 받았다. 신심을 다시 일으킬 만한 글귀를 부탁했던 그 여성 불자의 책에만 '원력을 가져라'라는 글이 싸인과 함께 쓰여 있었다. 따로 부탁하지 않았는데 신기하게도 그 여성 불자의 책에만 글귀가 있었다. 그때 함께한 우리 일행 17명은 각자의 소망이 다 성취되어 존자님으로부터 큰 가피를 안고 귀국해 오늘날까지 행복하고 충만한 삶을 살아가고 있다.

존자님께서 타심통이 있다는 말을 나 자신도 생생하게

체험했었다. 인도에서 티베트불교를 수행하면서 머문 지 1년 남짓 되던 해 따시종으로 동문인 선배스님이 찾아왔다.

다른 나라 불자들은 달라이라마 법문을 들으면서 모두 환희심과 신심으로 기뻐했다.

영어가 서툰 한국불자들만 멍하니 있어서 너무나 답답한 마음에 찾아왔다고 했다. 나는 아직 티베트어를 통역할 정도는 못된다고 사양하니 중국어 통역을 듣고 해달라고 했다. 존자님 법문을 듣고 싶은 마음도 있어서 나는 수락했다.

법문에 필요한 법본을 한국어로 번역해 만들고, 한국 유학생 불자들은 왕궁 사원에 한켠에서 나의 통역으로 법문을 들었다. 잠시 쉬는 사이에 내 머릿속에서 망상이 들었다. 존자님을 한 번 친견하기도 어려운데 우리 가난한 유학생들은, 처음으로 한국어 법본을 만들고 한국어로 통역해 듣고 있다. 존자님께서 우리를 어여삐 여기고 격려해 왕궁에 초청해 주면 얼마나 좋을까, 생각했다.

법문을 마친 존자님께서 법상에서 곧바로 내쪽으로 다가왔다. 내가 들고 있는 법본을 가리키면서 이것이 한국어로 번역한 법본이냐고 묻고, 고개를 돌려 비서진에게 한국 유학생들을 왕궁으로 초청하라고 말했다.

나는 단지 나 혼자 망상했을 뿐인데 마치 누군가 존자님께 내 뜻을 전달한 것처럼 내 바람을 곧바로 성취시켜 주셨다. 보잘 것 없는 한국 유학생들을 그날 오후 바로 왕궁으로 초청하여 따뜻한 말씀으로 격려해주셨다.

중국에는 불교의 사대성지 중에 관세음보살 성지인 보타락가산이 있다. 대만 유학시절 나는 두 명의 비구니 스님과 함께 중국 구화산과 보타산으로 배낭을 메고 성지순례를 떠났다.

세 비구니들은 넓은 땅덩어리 중국을 한 달간 발품을 팔며 다녀서 이미 지칠 대로 지쳐 있었다. 보타산 관음성지에 도착했을 때는, 이제 좀 편안한 호텔에서 입에 맞는 음식을 먹고, 자가용으로 보타산 관세음보살 성지를 순례하는 소박한 바람뿐이었다. 보타락가산에 배를 타고 내리니 눈에 띄는 현수막이 있었다. '유구필응有求必應(구하는 것이 있으면 반드시 응한다)'. 한 켠에 중국불교회라고 새겨진 봉고차 옆에 한 비구스님이 서있었다. 나는 반갑게 다가가 합장하고 우리는 남조선에서 온 비구니라고 소개하면서, 이곳에서 제일 큰 사원을 참배하려면 어디로 가면 되느냐고 물었다. 스님이 손가락으로 가르쳐준 방향으로 터벅터벅 지친 발걸음을 옮기는데, 그 스님이 달려와서 말했다. 잠깐 누군가를 기다렸다가 함께 가자고.

마오쩌둥 정부가 불교를 탄압할 때, 보타산은 관세음보살 비석 하나만 남고 완전히 파괴되었고, 싱가포르 화교인 공덕주 보살의 시주로 관음성지를 거의 다 중창했다고 한다. 그 공덕주가 오늘 방문한다고 해서 기다리는 중이라고 했다.

배 한 척이 도착하고, 어린 동자 하나를 데리고 첫눈에도 부귀해 보이는 귀부인이 나타났다. 그녀는 공손하게 합장하고, 어디서 오신 스님들이냐며 인사를 했다. 중국불교회 대표로 마중온 스님이 인사하며 우리를 소개하고 함께 가자고 말했다.

우리는 3박 4일간 그곳에 머물렀다. 우리는 보살님 덕분에 중국불교회의 융숭한 대접을 받았다. 좋은 숙소에서 성대한 음식, 그리고 편안한 성지순례를 마쳤다. 4박 5일을 머무는 그 보살님보다 우리는 하루 먼저 그곳을 떠나왔다.

내 마음속에 관세음보살은 '유구필응'이라는 흔들리지 않는 신심이 자리 잡은 것은 그 이후였다. 이 신심은 천수천안 관세음보살의 화현이신 달라이라마 존자님께서 항상 확인해주셨다. 지인들이 존자님을 친견하고 가피를 구하고자 할 때마다 생각보다 훨씬 원만한 성취와 가피로 응해주셨다.

까규기원대법회

티베트어로 묀람이라는 기원대법회는 보살의 대원을 발하여 일체유정중생들의 행복을 기원하며 함께 성불할 것을 기원하는 기도와 발원을 수행하는 법회이다.

석가모니 부처님께서 깨달음을 성취한 보드가야는 티베트 사람들 마음속에 최고의 성지로 꼽힌다. 부처님 경전에서도 모든 부처님이 성불할 때는 보드가야에서 성불한다고 기록되어 있다. 그래서 티베트 사람들은 유난히 보드가야 성지순례에 의미를 둔다. 1년에 3분의 1은 성지순례 계획을 잡는다.

겨울철 보드가야에 붉은 승복을 입은 라마들 물결로 가득 차는 것도 이 때문이다. 해마다 티베트의 4대종파인 닝마, 까규, 겔룩, 샤꺄파에서는 각 파의 승려들을 모아서 기원대법회를 연다.

티베트어로 '묀람'이라는 기원대법회는 보살의 대원을 발하여 일체유정중생들의 행복을 기원하며 함께 성불할 것을 기원하는 기도와 발원을 수행하는 법회이다. 또한 모든 중생들의 화합과 세계평화를 기원하고 사바세계의 모든 고난과 재앙으로부터 벗어나기를 기원하는 법회이다. 가장 먼저 까규기원대법회를 시작한 사람은 제1대 까루 린포체라고 전해진다.

1983년 11월 5일 까루 린포체와 보카 린포체는 200여 명의 승려와 함께 2주간 열린 기원대법회에는 3세 잠곤공툴 린포체도 참석했다고 한다. 그렇게 1988년까지 제1대 까루 린포체와 보카 린포체가 함께 주관하고 타시뚜 린포체도 참석했다.

1989년 까루 린포체가 입적하던 해에는 북인도 쏘나타사원에서 기원법회가 봉행되었다.

그 이후 보카 린포체의 주재하에 진행되다가 1992년 11월 환생한 까루 린포체와 보카 린포체가 200여 명의 라마들과 함께 10일간의 기원법회를 열고 널리 공양을 베풀었다.

그 이후 환생자 까루 린포체와 보카 린포체가 해마다 기원법회를 봉행해오다가 1997년 11월에 이 법회의 이름을 '깜창까규기원대법회'로 바꾸었다. 인도, 네팔, 부탄 등지에서 모인 깔마 까규파의 라마들 1300여 명이 모여서 제17대 까르마빠의 장수기원과 불사창성을 기원하며 10일간 열렸다.

1998년 12월 26일에 까루 린포체와 보카 린포체께서 2000여 명의 승려들을 거느리고 10일간 기원법회를 주재했다.

1999년에는 달라이라마께서도 까규기원대법회에 오셔서 대중들에게 자신이 지은 기원문을 구전으로 전수하셨다고 전한다.

17대 까르마빠 존자님과 필자

　2001년도에 대중들의 염원대로 까규파의 수장인 제17대 까르마빠 오갠 틴레 도제께서 처음으로 3000여 명의 라마들을 이끌고 8일간 기원대법회를 주재했다. 이때에 제4대 잠곤콩툴 린포체와 제12대 걀첸 린포체를 위시해서 3000여 명의 승려가 참석했다. 까르마빠께서 『해탈장엄론』을 강설하고 장수관정과 법문을 해주셨다. 현재 2019년까지 36회째 까규기원대법회가 봉행되었다.

　한국에서 학인스님들에게 강의하고 있던 어느 날 제17대 까르마빠 존자님께서 꿈속에 오셨다. 내게 흰색 카닥을 주

17대 까르마빠 존자님과 한국불자들

시고 손을 잡아끌어 대웅전 법당 중앙에 있는 석가모니부처님 전에 올리도록 했다. 너무 생생한 꿈에 성자를 친견한 환희심으로 무척 설레어 꿈의 정경을 음미하였다.

그때 학장스님이 불러서, 너는 티베트불교와 인연이 있으니 이제 학인들 강의는 그만두고 티베트불교를 공부하라고 단호하게 말했다.

갑자기 떠나라는 말에 무척 당혹스럽고 섭섭했지만 짐을 싸서 나올 수밖에 없었다. 좋은 꿈을 꾸었다고 생각했는데 왜 도량에서 방출되는 일이 생기는 것일까, 의아한 마음을 떨칠 수가 없었다.

한가해진 나는 자연스럽게 인도로 마음이 향했고, 다람살라에서 까르마빠 존자님을 친견했다. 그해 겨울부터 인도 보드가야에서 까르마빠 존자님 주관으로 열리는 까규기원대법회에 한국인불자들과 함께 참석하기 시작했다.

그리고 까규기원대법회에서 한국어 통역을 하면서 한국 불자들이 오늘날까지 동참하는 인연의 초석이 되었다.

훗날 구루 암틴 스승님께 말씀드렸더니, 까르마빠 존자님이 기원대법회에서 어떤 역할을 내게 하게 하려고 꿈에 나타난 것 같다며 웃었다.

그린타라보살 가피이야기

오른쪽 눈물은 그린타라가 되어 중생들의 소원을
성취시키고 왼쪽 눈물은 백색타라가 되어 중생들에게
건강과 장수가피를 내려주겠다고 서원하다.

티베트사람들에게 가장 친근한 신앙의 대상은 달라이라마를 중심으로 한 관음신앙이다.

관세음보살은 천수천안 관음으로 나투기도 하지만 팔이 네 개 있는 사비관음을 보편적으로 불단에 모신다. 관음의 화현 가운데 일상생활에서 소원하는 바가 있을 때 가장 먼저 찾는 보살은 녹색관음인 그린타라보살이다.

천수천안 관세음보살이 지옥중생들을 다 제도하여 극락세계로 보내겠다고 서원을 세웠다고 한다. 해마다 지옥중생을 제도하였는데 몇 년이 지나도 지옥으로 떨어지는 중생들의 숫자는 겨울에 함박눈이 내리듯 떨어지며 줄어들지 않았다. 해마다 지옥으로 떨어지는 이 많은 중생들을 어떻게 다 제도하겠나 하는 퇴굴심이 문득 일어났다. 그 순간 온몸이 천 갈래로 찢어지면서 관세음보살은 참을 수 없는 고통에 신음하였다. 그 때에 아미타불께서 가호하시어 그 고통에서 벗어나고 손이 천개, 눈이 천개인 천수천안 관세음보살이 되는 가호를 얻었는데, 그때 흘린 눈물이 타라보살이 되어 화현했다고 한다. 오른쪽 눈물은 그린타라가 되어 중생들의 소원을 성취시켜주겠다고 서원 하였고 왼쪽 눈에서 나온 눈물은 백색타라가 되어 중생들에게 건강과 장수 가피를 내려주겠다고 서원하였다.

그래서인지 티베트 사람들은 수명에 장애가 있을 때는 "옴 따레 뚜따레 뚜레 마마아율 뿌녠쟈나 뿌띰꾸루예 쉬하" 하고 백색타라 진언을 한다. 구루 암틴도 백색타라보살 진언을 해서 수명을 3년 연장했다고 말씀하셨다.

특히 그린타라보살에 대한 티베트 사람들의 신심은 대단하다. 실제로 전해지는 영험담도 부지기수로 많다. 2020년 코로나19로 인해 전세계에 펜데믹이 선포되고 수백만 명의 사람들이 전염병으로 고통받고 죽어가는 상황에서 달라이 라마는 전 세계 불자들에게 함께 마음을 모아 그린타라 만트라 기도로 이 난국을 극복하기를 독려하셨다. 그만큼 절박한 위기상황에서 가장 친근하게 구호의 손길을 주는 분이 그린타라보살, 즉 녹색관음이다.

나 역시 외국 유학생활을 정리하고 한국에 귀국해 처음으로 불자들과 법연을 맺기 위해 도량을 마련했을 때 그린타라보살의 가호를 체험하였다. 달라이라마 왕사의 환생자인 링 린포체를 모시고 한 달간 한국에서 법회통역을 한 적이 있다. 링 린포체께서 나의 노고를 치하하며 비단천으로

그린타라보살 탕카(법등사)

천수천안관음보살

수놓아 만든 그린타라 탕카를 주셨다.

개인 방에 걸기에는 무척 큰 탕카여서 속가의 어머님 집에 맡겨두었다. 막상 전원 주택에 포교당을 마련하고 보니 불상도 없고 해서 그때 받은 그린타라보살 탕카를 찾아와 법당 한쪽에 모시니 큼직하니 온 법당이 꽉 차 보였다. 텅 빈 집에 덩그러니 그린타라탕카를 걸어놓고 잠을 청하니 쉽사리 잠에 들지 못했다. 문득 비몽사몽간에 링 린포체께서 현관으로 들어오더니 평소에 린포체들이 탕카에 쌀로 점안하듯이 그린타라보살 탕카에 점안을 하고는 홀연히 사라졌다. 그 이후 혜등정사라고 이름한 포교당은 그린타라보살의 가피로 불같이 일어나서 현재의 법등사가 되었다.

그린타라보살에게 정말로 절실한 기도를 해서 꼭 집어 소원성취를 이룬 잊을 수 없는 감사한 기억이 나에게 있다. 나는 할머님, 큰아버님 식구들과 대가족이 함께 사는 경제적으로 빈곤한 가정에 맏딸로 태어났다. 아버님은 내가 출가해 비구니가 되자, 공무원이 되어 가정에 보탬이 되리라는 기대가 하루아침에 무너지니 순식간에 머리가 반백이 되었다. 그리고는 부처님을 비방하고 할머님과 어머님을 비롯해 온 가족을 다 괴롭히고 원망하였다.

나는 나의 출가로 부친이 삼보를 비방하는 업을 짓고 아비지옥의 과보를 받게 될 것이 너무 두려웠다. 그래서 구루 암틴께 모든 사정을 이야기하고 어떻게 하면 속가집 가족들을 이 고통에서 벗어나게 할 수 있을지 조언을 구했다. 구루 암틴께서는 그린타라보살이 가장 빨리 소원을 성취시켜주니 그린타라보살에게 기도하면 된다며 그린타라 만트라를 알려주었다.

"옴 따레 뚜따레 뚜레 쉬하, 옴 따레 뚜따레 뚜레 쉬하. 어머니 타라보살님! 제가 부모님을 구제할 수 있도록 가피를 내려주세요."

너무도 간절한 나머지 나도 모르게 타라보살님을 어머니라고 부르며 밤새 기도가 이어졌다. 그 후 부모님과 신도 몇 사람을 데리고 대만으로 성지순례를 나섰다. 타이완 장개석 공항에 도착해 점심을 먹기 위해 우리 일행은 공항근처에 있는 채식부페 식당에 들어갔다. 머리를 삭발한 식당주인은 유난히 반색하며 우리를 맞았다. 맛나게 식사를 마치고 결제를 하려는데 식당주인은 스님과 대중에게 공양을 올리고 싶다며 점심 값을 사양했다. 그러더니 하얀 백지를 꺼내더니 '금일휴업'이라고 썼다. 내가 의아해서 까닭을 물으니, 오늘부터 한국에서 오신 스님일행을 대접하고 싶으니 허락해달라고 정중히 청하였다.

우리가 생면부지로 오늘 처음 만났는데 어째서 이런 호의를 베푸냐고 물었다. 주인처사는 오늘 새벽에 부처님이 자신의 식당으로 들어오는 경이로운 꿈을 꾸었는데, 유난히 밝게 빛나는 한국비구니 스님이 한국불자들 10여 명과 점심식사 하러 오는 것을 보고 이 분들을 부처님처럼 공양하고 대접해야겠다는 생각이 들었다고 한다.

대만 불자들은 대부분 자신의 집에 불단을 모시고 있는 것을 알기에, 나는 우리 일행과 함께 불단에 참배하고 싶다고 청했다. 안내되어 간 불단에는 과연 천수천안관세음보살 탱화가 중앙에 모셔져 있었다. 그린타라보살이 천수관음보살의 눈물에 화현으로 나의 간절한 기도에 응해주신 것이 분명했다.

그날부터 대만 식당 처사님은 우리 일행 10명을 봉고차에 태우고 타이완 곳곳을 안내해 주었다. 그리고 타이완 남부에 위치한 아리산 고산지대에 차밭을 운영하는 친구를 소개해 주어, 아리산 일대와 차산지를 구경하고 불광산사와 중대선사 등 대형 사찰들을 참배할 수 있도록 안배해주었다. 우리 일행 가운데는 농산물시장에서 도매상을 하는 거사님 두 분이 있었다. 두 사람이 내게 물었다.

"스님, 저 식당 사장님하고 전부터 아는 사이인가요?"

"아니요. 이번에 처음 만났습니다."

"어떻게 처음 만난 스님과 일행을 대접하기 위해 남은 음식을 아랑곳 하지 않고 식당 문을 닫고 우리와 함께 순례할 수 있는지, 장사하는 사람들 사고방식으로는 도저히 이해하기가 어렵습니다."

어떻게 그런 마음을 낼 수가 있는지, 물어봐 달라고 하였다. 이 질문을 대만 식당주인 처사님에게 말하니, 그 처사님은 오히려 한국 거사님들에게 반문하였다.

"돈은 매일 벌 수 있지만 공덕을 지을 기회는 어쩌다 한 번 만나게 됩니다. 그럼 매일 버는 돈을 벌어야 하겠습니까? 어쩌다 한 번 오는 기회인 공덕을 지어야 하겠습니까?"

대만 처사님의 대답에 크게 감동 받은 한국 거사님들은 그 날부터 정말 큰 신심과 환희심으로 대만 순례를 하였다.

부친은 절은 아녀자들만이 부처님 전에 절하고 기도하는 것이라는 편견이 있었다. 모친이 대웅전에 들어가서 참배하면 본인은 경내를 한 바퀴 돌고 오는 것으로 불교신자라고 생각하는 정도였다.

타이완에서는 대부분 사회적 지위와 재력을 갖춘 거사들이 사찰에 가서 신심 내고 신행활동과 봉사에 적극적인 것을 보고 무척 신기해하고, 스님의 부모님으로 엄청 존중과 대접 받으며 마냥 행복해하였다.

타이완 불자들의 융성한 대접으로 우리 일행의 여행경비는 그대로 남아서 각자의 가정에도 대만 불자들처럼 기도할 수 있는 불단을 마련하기로 하였다.

목각촌으로 유명한 삼에 들러서 불상조각도 참배하고 불상과 탱화를 구입해 집집마다 불단을 꾸미고, 한국에 돌아와서는 일상에서 불자로서의 신행생활을 해나갈 수 있게 되었다.

대만 여행으로 부모님 역시 부처님 법에 마음이 환희 열려서 흔들리지 않는 신심이 생겨났다. 특히 부친은 구체적인 신행생활로 일관할 수 있는 신심과 원력이 생겨나서 매일매일 일상을 염불로 일관하였고, 자신의 딸이 스님인 것에 자긍심도 생기고 자랑스럽게 생각하게 되었다.

그래서 훗날 막내 딸이 출가할 때는 오히려 흔연한 마음으로 받아들였다. 그래서인지 임종시에는 상서롭고 편안한 모습으로 천수를 다하고 극락왕생하였다. 지금 생각해도 그린타라보살은 어쩜 그렇게 꼭 집어서 내 소원을 들어주셨는지 신기하고 환희롭기만 하다.

●맺음말

  책에서 소개한 티베트 불교의 수행법은 빙산의 일각에 불과하다. 글에 소개된 보편적인 수행 외에도 각 종파에서 비밀리에 구전으로만 전수되는 비밀하고 수승한 수행들이 많다.

  물론 티베트의 불교라 해서 라마들에 의해 티베트화 하여 만들어진 불교는 아니다. 불교가 중생들의 근기에 맞추어 소승, 대승으로 발전해 가던 과정에서 금강승金剛乘으로 발전된 순수한 불교이다. 가장 후기에 발전된 불교로서 말법시대 중생들의 근기와 상응해 부처님께서 방편으로 설하신 법이라고 한다.

  인도에서는 7세기부터 사오백년간 중관, 유식파와 대승불교학에 근간을 둔 밀교가 성행했다고 전해진다. 그 당시에 나란다 대학을 비롯한 여섯 개의 유명한 불교대학들이 모두 밀교 수행과 불교학의 중심지로서 밀교가 황금기를 맞게 되는 주요 역할을 했다. 이즈음 티베트에서는 토속신앙인 본교를 누르고 불교를 국교화하려는 노력이 적극적으로 진행되었다. 티송데우첸왕은 번역가 세 명을 인도로 보내 당시 밀교 수행의 성취자로서 많은 이적을 보인 빠드마삼바와를 청하여 밀교 수행을 받아들여 수없이 많은 우여 곡절과 수난을 겪은 끝에 국교화되었다.

티베트인들의 정신적 지주가 되어 히말라야 설산의 고요함과 평온함 속에서 빛나고 있던 티베트불교가 다시 한번 나라를 통채로 짓밟히는 커다란 고통을 겪고 전 세계로 흩어져 나오게 된 데에는 또 다른 시절 인연과 불보살님들의 큰 원력이 숨어있으리라.

티베트 불교의 수행차제와 구루들의 고요하고 평온한 텅빈 지혜에 매료되어 이십오 년이란 시간이 흘렀다. 자신을 돌아보면 여전히 정화되지 않은 모습에 실망하지만, 이 글을 통해서 인연 있는 누군가가 히말라야에서 온 행복의 열쇠를 발견할 수 있기를 바라는 마음이다. 끝으로 모든 중생들의 영원한 행복과 불법이 항상 하기를 바란다. 이 지구상 모든 선지식들이 장수하시고 정법의 법륜을 항상 굴리시기를 기원하면서 부족한 지식으로 쓴 글을 마무리한다.